マンガ

数学女子智香が教える

仕事で数字を使うって、こういうことです。

深沢真太郎●著
山田しぶ●漫画

日本実業出版社

はじめに

数字に強くなりたい。
そしてもう少しうまく仕事ができるようになりたい。
これは、そんなあなたの物語です。

ビジネス数学教育家、深沢真太郎です。企業研修やビジネススクールの講義などを通じて、これまで1万人近くのビジネスパーソンの「数字が苦手」を改善してきました。本書は、そのエッセンスからさらに大事なところを厳選し、あなたにプレゼントするものです。

結論から言います。その厳選したものとは次の4つです。数字をうまく武器にして仕事を進めている人とは、突き詰めていけばこの4つの行為が上手な人です。

- **数字を〝分ける〟こと**
- **損益構造を把握できること**

- **数学的に仮説を立てること**
- **数学的に予測すること**

私はビジネス数学という独自のアプローチで、ビジネスパーソンの成長をお手伝いしてきました。

誤解していただきたくないのですが、私は理工系のお勉強を教えているのではありません。ビジネススキルとしての数学。数字をうまく使いこなし、物事を定量的に説明できる人材を育成することが仕事です。その活動を通じてわかったことが3つあります。

- 多くのビジネスパーソンが持つ数字に対する苦手意識はとても根深いものがあること
- でもそれを克服するために今から勉強したりするのは嫌だと思っていること（自分にはどうせ無理だと思っている）
- でも心の奥では、もし数字に強くなれたら自分も少し変われるんじゃないか、と思っていることもしあなたがそのひとりだとしたら、ぜひこの物語を読んでみてください。

実はこの物語が生まれたのは6年前、つまり2013年です。当時は「ビッグデータ」という言葉がビジネスシーンで飛び交った時代。「数字が苦手で……」と悩むビジネスパーソンは危機感を覚えたのでしょう。

そんな方に喜んでもらえる〝出会い〟をつくりたい。そんな思いからビジネスストーリーの書籍『数学女子 智香が教える　仕事で数字を使うって、こういうことです。』を発表。シリーズ化され、おかげさまでたくさんの読者から反響をいただきました。

「登場人物の木村さんがまるで私のようでした」
「まるで僕の所属する部署のことを言われているような気がしました」
「ウチの会社にも柴崎智香みたいな人がいればなと思いました」
「最後、ちょっと感動しました」……。

なぜこの作品が多くの方に届いたのか。それは読んだ方にとって「自分の物語」だったからです。そして心の奥でずっと求めていた〝出会い〟だったからだと思います。

6年の時を経て、登場人物はそのままに現代版に脚本をリニューアル。コミック版という形で新しい「数学女子」をお届けします。この〝出会い〟が、あなたの仕事の仕方を変え、成長と成果を手に入れる一助になれば著者として嬉しく思います。

最後に、なぜ私は〝出会い〟と表現しているのか。それはきっとこの物語を読み終えたときにわかると思います。

数字に強くなりたい。
そしてもう少しうまく仕事ができるようになりたい。
これは、そんなあなたの物語です。

では、あとがきでお会いしましょう。

目次

登場人物紹介

対立

柴崎智香（しばさき・ともか）

27歳。大学で数学を専攻しコンサルティング会社へ就職。数字に強いコンサルタントとして活躍して５年。転機を迎える。

恋人

縄田千春（なわた・ちはる）

29歳。大手の総合商社に勤務。木村の恋人であり、週に１回の居酒屋デートを欠かさない。

恩師

岡部敬一（おかべ・けいいち）

大学教授。専門は数学。最近はメディアでコメンテーターも務める。智香の大学時代の恩師でもある。

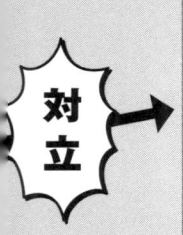

株式会社ブライトストーン

BRIGTSTONE

ヘッドハンティング

社長

佐野賢太郎

（さの・けんたろう）

株式会社ブライトストーンの社長。停滞期を迎えた会社の立て直しのため、智香にある相談を持ちかける。

木村斗真（きむら・とうま）

28歳。ブライトストーン社の営業部リーダー。3度の飯より服が好き。ファッションは人の人生を豊かにすると信じている。

指導

ブライトストーン社のブランド

「WIXY」の表参道店・店長

装丁／吉村朋子
カバーイラスト・漫画／山田しぶ
漫画制作／株式会社サイドランチ
組版／一企画

プロローグ

「いい感じで」から卒業するために

ファッションにはまったく
興味ありません

Cafe
コト…
柴崎さん久しぶりだね
3年前のビジネス交流会のとき以来か
株式会社ブライトストーン
社長 佐野賢太郎
ご無沙汰しております佐野社長
柴崎智香
この前も雑誌記事を見たよ数学科出身の女性経営コンサルタント
大活躍じゃないか

恐れ入ります
ははっ
相変わらず口数が少ないな何も変わっていないない
無駄なことはしない主義なもので
初めて会ったときも言っていたね
印象に残っているよ
アパレル企業の経営はどうですか？
チラ
そうねぇ……

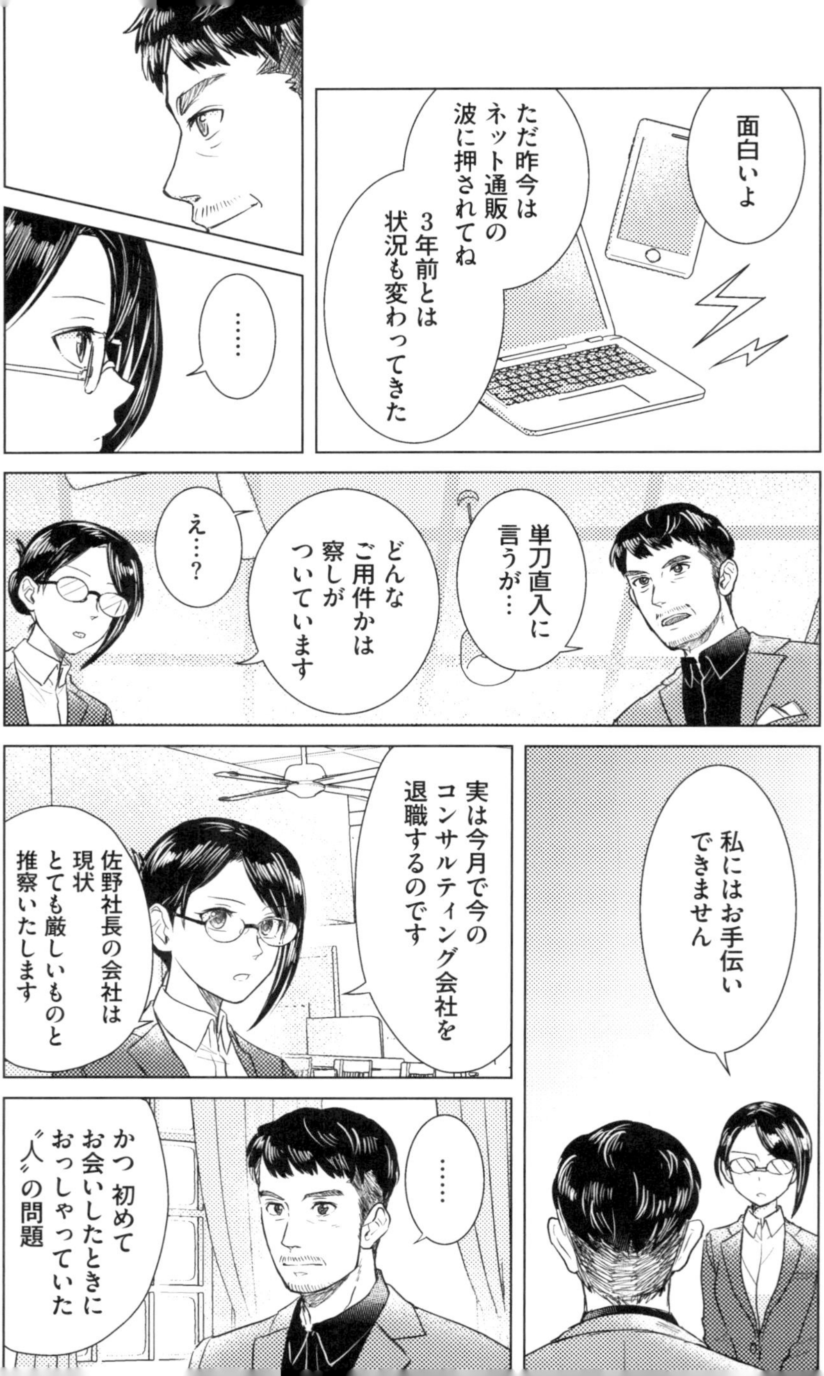
面白いよ
ただ昨今はネット通販の波に押されてね
3年前とは状況も変わってきた
……
単刀直入に言うが…
どんなご用件かは察しがついています
え…？
私にはお手伝いできません
実は今月で今のコンサルティング会社を退職するのです
佐野社長の会社は現状とても厳しいものと推察いたします
……
かつ 初めてお会いしたときにおっしゃっていた〝人〟の問題

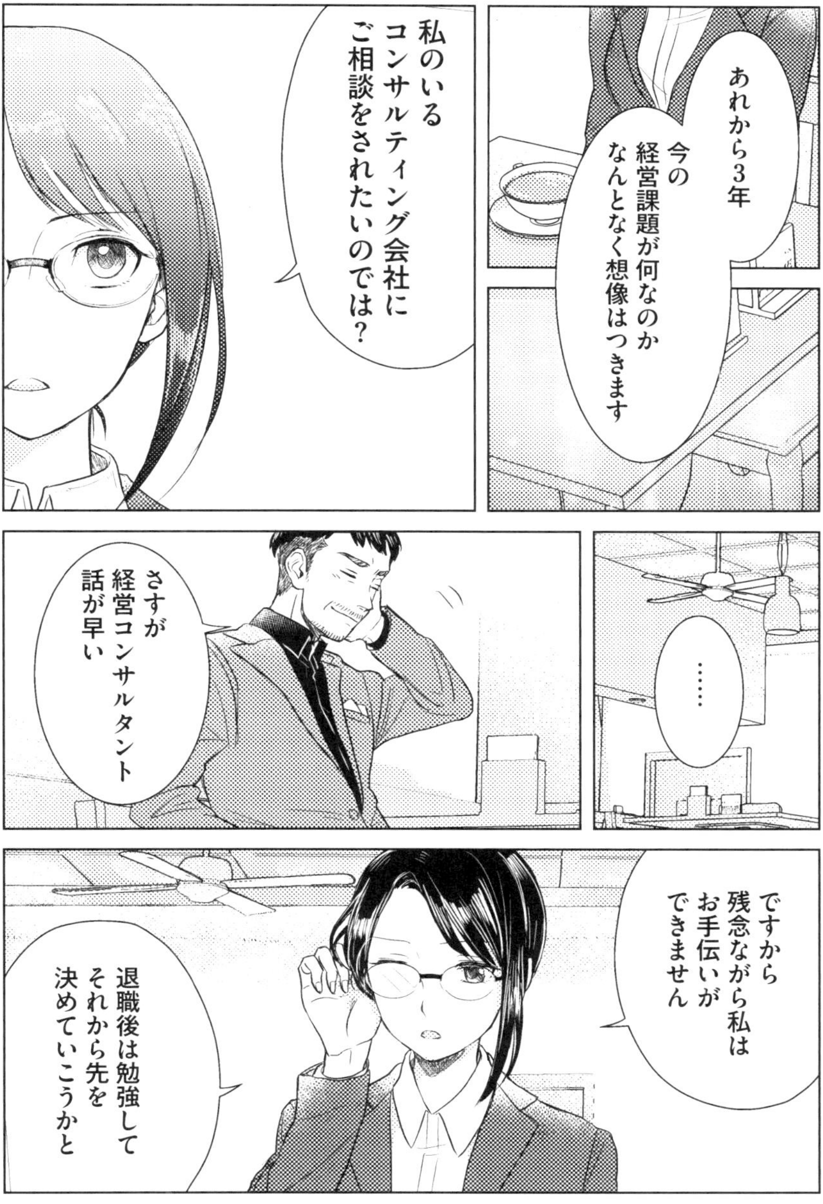
あれから3年
今の経営課題が何なのかなんとなく想像はつきます
私のいるコンサルティング会社にご相談をされたいのでは？
……
さすが経営コンサルタント話が早い
ですから残念ながら私はお手伝いができません
退職後は勉強してそれから先を決めていこうかと

そうか
辞めてしまうのか…
ニッ
きっとこれは
運命だよ
柴崎さん
運命…?
実は…
キミを
ヘッドハンティング
しようと思っていたんだ!
!?
つまり
ウチに入社して
手伝ってもらいたい

ヘッドハンティングって…なぜですか？
今ウチは数字の意識が絶望的に低い そこで 営業部にいるあるキーパーソンを育てたいんだ
その人物が変わることで周囲も変わっていく それはつまり…
会社組織全体が数字に強くなる
ああ 現状 従業員たちが個人の主観だけで意思決定する場面が多くてね
感性が豊かなファッション業界の人材にありがちだ
要するに単なるファッション好きの集団なんだよね
口癖は"いい感じ"
なるほど その集団の代表格が…

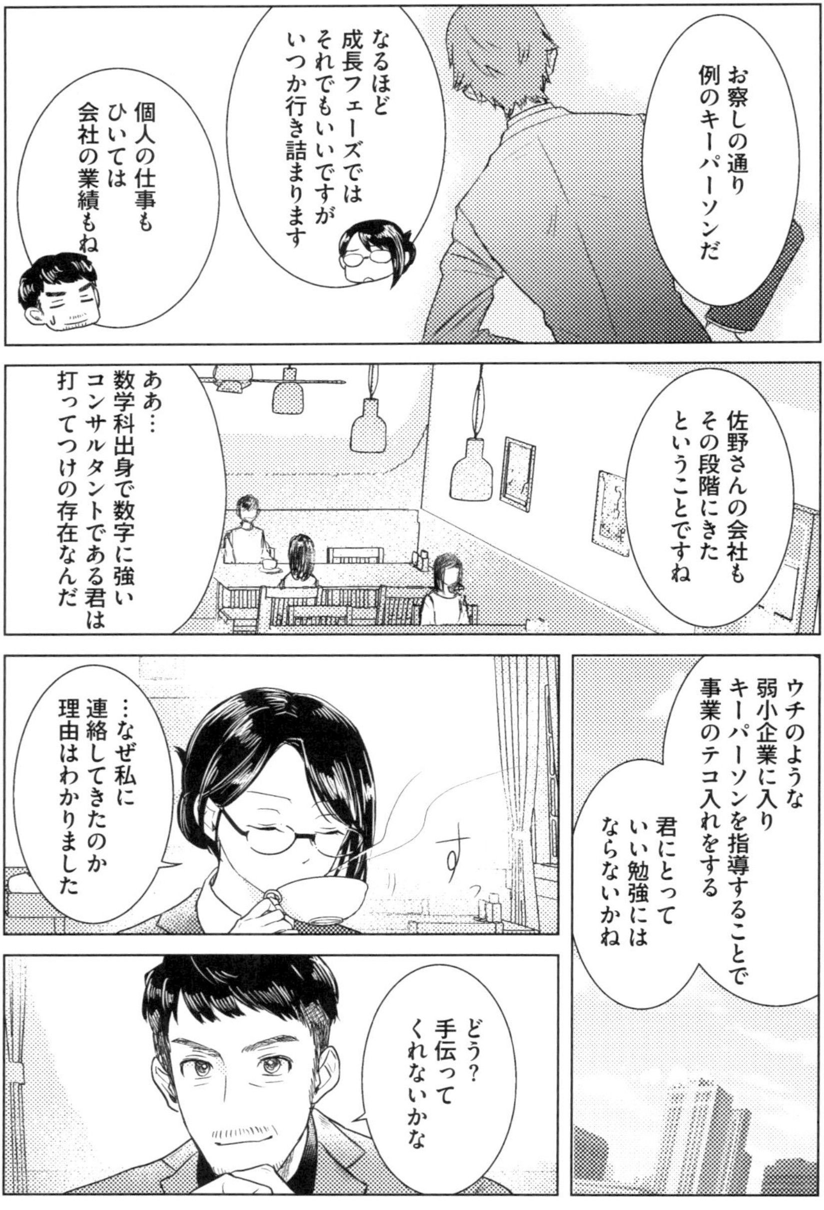
お察しの通り例のキーパーソンだ
なるほど成長フェーズではそれでもいいですがいつか行き詰まります
個人の仕事もひいては会社の業績もね
佐野さんの会社もその段階にきたということですね
ああ…数学科出身で数字に強いコンサルタントである君は打ってつけの存在なんだ
ウチのような弱小企業に入りキーパーソンを指導することで事業のテコ入れをする
君にとっていい勉強にはならないかね
…なぜ私に連絡してきたのか理由はわかりました
すっ
どう？手伝ってくれないかな

2つほど腑に落ちない点が
まず1つめ そのキーパーソンには具体的にどうなってほしいのでしょうか？
〝あの言葉〟を理解してほしいんだ
あの言葉？
柴崎さんがクライアントに必ず伝えていると言っていたあの言葉だよ
数字で語れないものを提供するためには……
君のことをずっと注目してきたのも今声をかけたのも
すべては〝あの言葉〟が心に残っているからなんだ
……

ではもう1つ とはいえ なぜ私なのでしょうか？
経験豊富で数字に強く 人材育成に長けたコンサルタントは ほかにもたくさんいます
柴崎さん ファッションとか オシャレに興味ある？
何ですか急に
いいから
正直に答えて いいですか？
もちろん
まったく 興味ありません
ズバッ
それが理由かな
……？
一体どういうこと…？

第 1 章

数値分析の基本は「分ける」こと

あなたは「数字」という言葉で
会話しなければなりません

WIXY
どう? 今日のスタイル
メッチャいい感じだと思わない?
株式会社 ブライトストーン
営業部 リーダー
木村斗真
今日の木村さんもオシャレで素敵です~♡
アパレルショップ WIXY
表参道店 店長
表参道店の店長も認める俺のセンス♪
でもいいんですか? そろそろ本社に戻られたほうが…

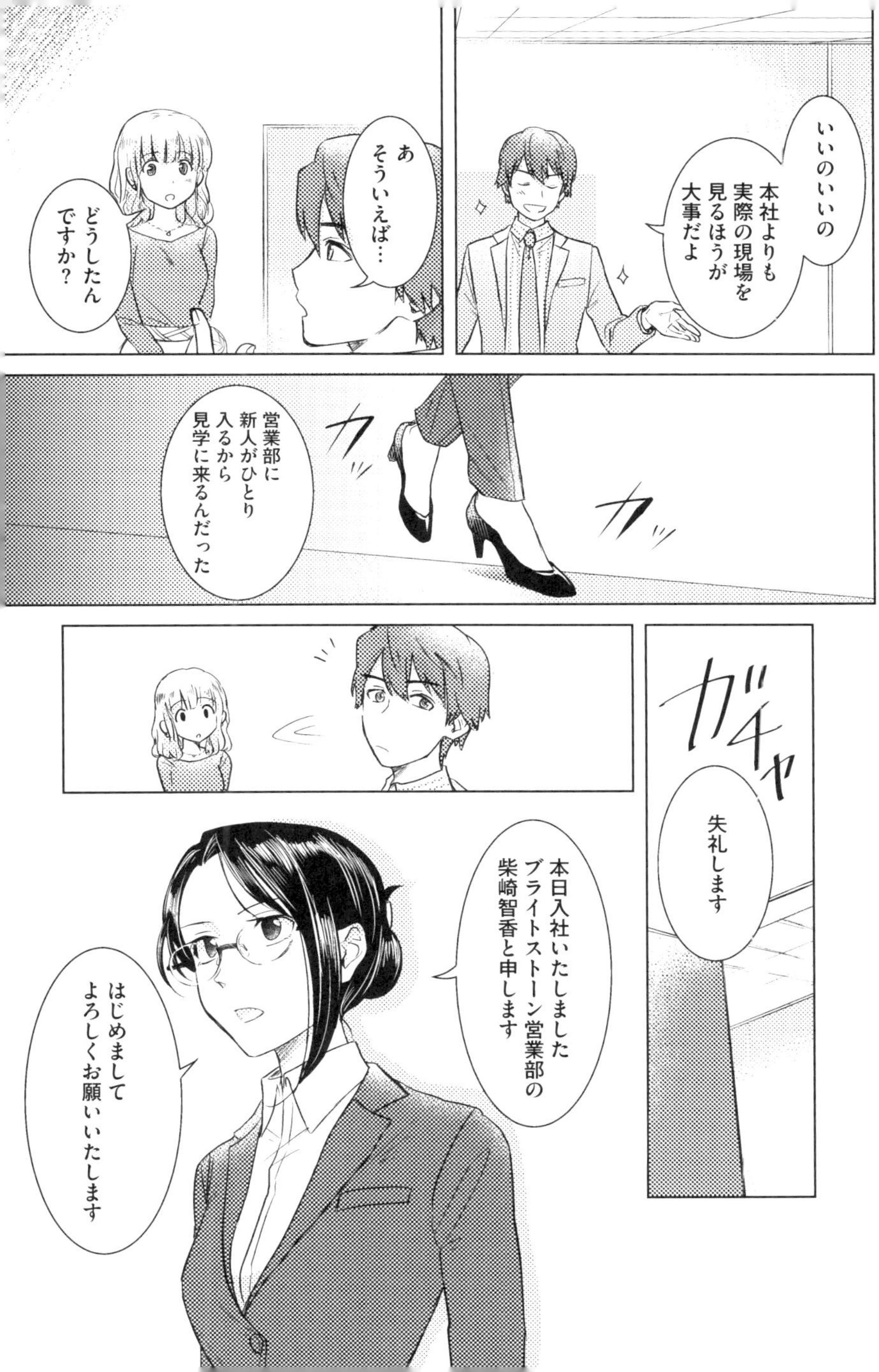
いいのいいの
本社よりも実際の現場を見るほうが大事だよ
あ
そういえば…
どうしたんですか？
営業部に新人がひとり入るから見学に来るんだった
カッ
カッ
ガチャ
失礼します
本日入社いたしましたブライトストーン営業部の柴崎智香と申します
はじめまして
よろしくお願いいたします

もしかして…社長が言ってた新人って君?
はいリーダーの木村さんはあなたでしょうか?
地味なスーツ…
そうだけど…?
何でこんなファッションを知らなそうなヤツを採用したんだ!?
ここで今何の仕事をしていたのですか?

いろいろだよ！
失礼しま〜す
この表参道店 業績が落ちていると うかがいました
その原因を どうお考えですか？
今日入社した ばかりの君と そんな話を する必要ある？
営業部の リーダーなのに 答えられないの ですか？
……ウチのブランド「WIXY」の デザインが 飽きられている
あとはネット通販に 顧客が流れている 以上
なるほど 自分ではなく お客様のせい というわけですか
何!?

私はアパレル業界については素人です
しかしデザイン性がなくても成長しているブランドはあると思います
ネット通販の台頭も今に始まったことではなく
……
ほかのブランドも同条件です
つ…付き合ってられないな
君はまずショップを見学したほうがいいんじゃないか?
ガチャ
木村さん仕事を〝掛け算〟で考えたことがありますか?

え？ 何語 しゃべってるの？
例えば この表参道店の売上は どんな掛け算で できていますか？
日本語 です
そうじゃ なくて！
わかる？
ここはアパレル企業！ ファッションの言葉で 会話しろってこと
違います
あなたは いいえこの会社は ファッションの 言葉ではなく
数字という言葉で 会話しなければ なりません
数字…？

もう一度 うかがいます この表参道店の売上は どんな掛け算で できていますか？
単価×購入件数とか そういうことだろ？
では購入件数は どんな掛け算で できていますか？
購入件数は 購入件数 だろ？
ピッ
ピッ
●「売上」を掛け算で表すと…
売上＝（単価）×（購入件数）
＝（単価）×（来店客数）×（声かけ率）×（接客率）×（購買率）
声かけ率：販売員が声をかけた客数÷来店客数
接客率　：接客まで持ち込んだ客数÷販売員が声をかけた客数
購買率　：購買した客数÷接客まで持ち込んだ客数
接客を要する小売業の売上は このような掛け算で できています
何だ こりゃ？
？

入社前に社長から
いただいたデータを
簡単に分析したところ
WIXY表参道店の単価は
昨年と比較して微減
ところが購入件数が
大きく減少しています
……
だから何だよ
どう考えても
「声かけ率」
「接客率」
「購買率」に
その原因があります
・声かけ率
・接客率
・購買率

どの数値がどれくらい減少したのか把握されていますか？
失礼します
知らないなそういうのさ面倒くさいじゃん？
ではどうやってこの表参道店の業績を回復なさるつもりでしょうか？
それは…
このフォーマットに書かれているデータを1日だけでいいので取得してください
すっ
何だこれ？
アイテム別に声かけ 接客 購買
それぞれが1日でどれくらい発生しているのかを数値で記録していただきたいのです
ドキュメント
ページ 数式 データ 表示
主たる対象アイテム
ワンピース アウター トップス ボトムス アクセサリー・雑貨
声かけした
接客までできた
購入いただいた
声かけ→接客
接客→購買

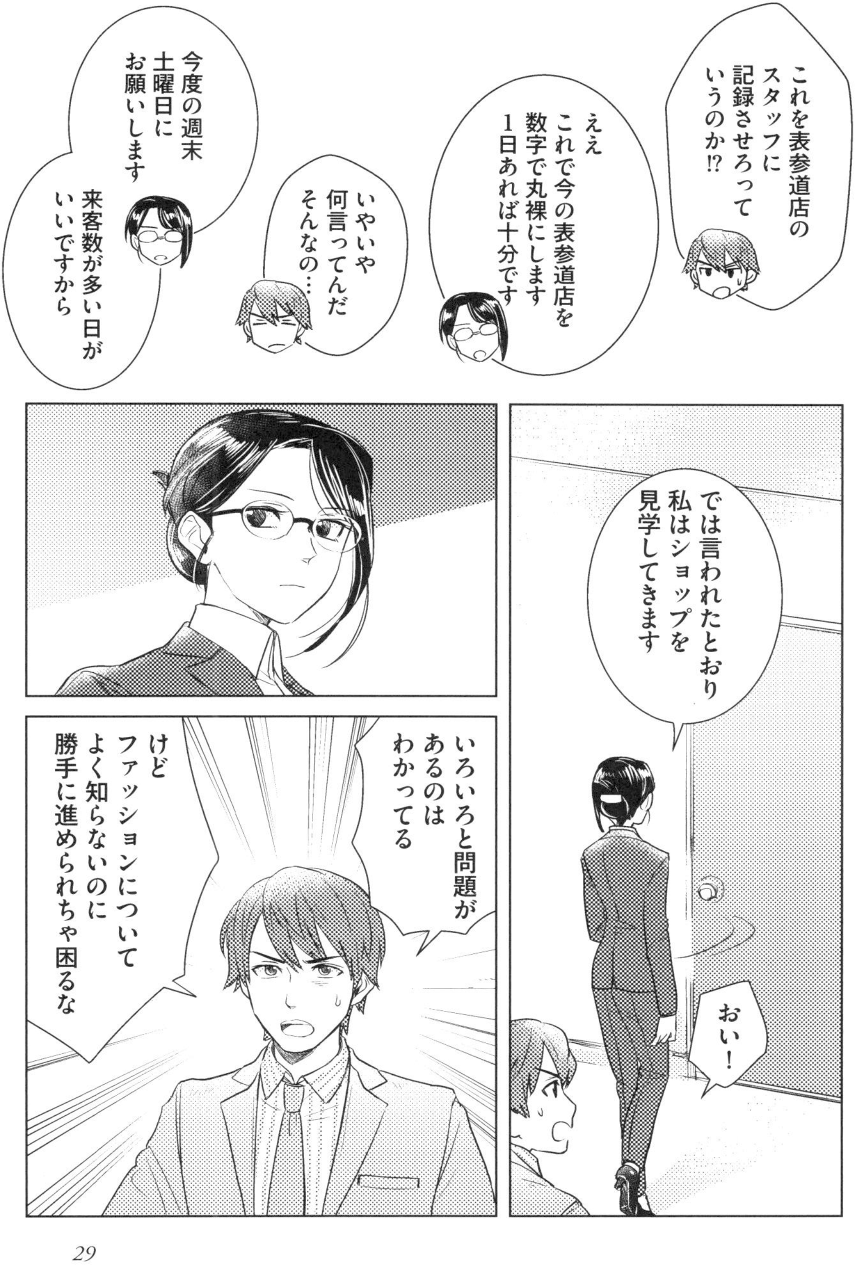
これを表参道店のスタッフに記録させろっていうのか!?
ええ　これで今の表参道店を数字で丸裸にします　1日あれば十分です
いやいや　何言ってんだ　そんなの…
今度の週末土曜日にお願いします
来客数が多い日がいいですから
では言われたとおり私はショップを見学してきます
おい！
いろいろと問題があるのはわかってる
けど　ファッションについてよく知らないのに勝手に進められちゃ困るな

だいたい君の経歴は？
さっきから数字とか掛け算とか数学のお勉強でもしてきたエリートさんか何か…
考えてみてください
あ？
なぜ私のようなファッションの素人が営業部に配属されたのか
いくらなんでも勝手に入社し勝手にあなたに指示をしたりはしません
……
記録をすることで必ず何かが見えてきます
……つたく何なんだよ

土曜日 営業終了後
木村さん こんな感じでいいんですかね？
ああ いいんじゃない？
この前来られたスーツの女性の指示なんですよね？
怖そうな…
ゴゴゴ…
そう！いきなり何を言いだすかと思ったら… しかも常に何か偉そうなんだよな～
接客しながら記録するのってけっこう大変でした
ああ すまなかったな
でも こうやって数字にすると何かちょっと面白いですね
……面白い？
うまく言えませんけど… 発見があるような気がして

	主たる対象アイテム				
	ワンピース	アウター	トップス	ボトムス	アクセサリー・雑貨
声かけした	40回	10回	30回	55回	20回
接客までできた	21回	6回	19回	29回	11回
購入いただいた	3回	1回	6回	10回	3回

声かけ→接客	52.5%	60.0%	63.3%	52.7%	55.0%
接客→購買	14.3%	16.7%	31.6%	34.5%	27.3%

本日の売上データはありますか?
はい!
さっききレジを締めたときにデータを集計しました
……
このデータを目の前にして何も思わないのですか?
!!
ピ
ピ
おい このデータがいったい何なんだよ
結論から言いますワンピースとアウターの…
?
「接客→購買」のプロセスに課題があります

●本日の接客率と購買率

	主たる対象アイテム				
	ワンピース	アウター	トップス	ボトムス	アクセサリー・雑貨
声かけした	40 回	10 回	30 回	55 回	20 回
接客までできた	21 回	6 回	19 回	29 回	11 回
購入いただいた	3 回	1 回	6 回	10 回	3 回

声かけ→接客(接客率)	52.5%	60.0%	63.3%	52.7%	55.0%
接客→購買(購買率)	14.3%	16.7%	31.6%	34.5%	27.3%

このデータの「声かけ→接客」が先日申し上げた接客率
そして「接客→購買」が購買率です
低い!
ワンピースとアウターの購買率がほかのアイテムと比べて低い…

●本日の売上高と各アイテムの平均単価

	ワンピース	アウター	トップス	ボトムス	アクセサリー・雑貨
販売点数	3 点	1 点	6 点	10 点	3 点
平均単価	17,200 円	32,400 円	13,100 円	12,500 円	15,800 円
売上高	51,600 円	32,400 円	78,600 円	125,000 円	47,400 円

販売点数　23 点
売上高　335,000 円
平均商品単価　14,565 円

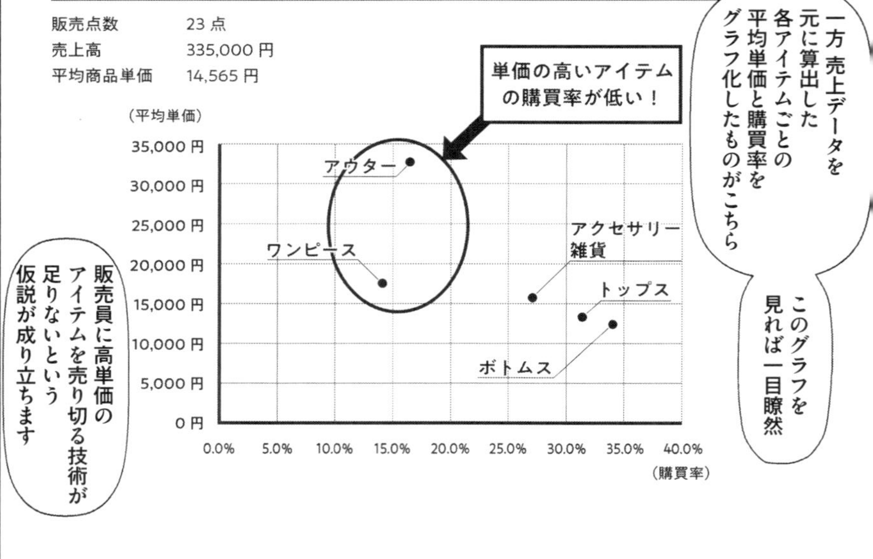
一方売上データを元に算出した各アイテムごとの平均単価と購買率をグラフ化したものがこちら
このグラフを見れば一目瞭然
単価の高いアイテムの購買率が低い!
(平均単価)
35,000 円
30,000 円
25,000 円
20,000 円
15,000 円
10,000 円
5,000 円
0 円
0.0%
5.0%
10.0%
15.0%
20.0%
25.0%
30.0%
35.0%
40.0%
(購買率)
アウター
ワンピース
アクセサリー雑貨
トップス
ボトムス
販売員に高単価のアイテムを売り切る技術が足りないという仮説が成り立ちます

高単価かつ購買率が低いアイテムが2つある
その2つワンピースとアウターの購買率アップが急務です
!
つまりお客様がワンピースとアウターの購買で悩まれたときの対応に問題があると推測されます
うっ…
いや販売員はみんな一生懸命やっている!
入社したばっかりの君に売り場の何がわかるんだ?

俺たちの仕事はそんな数字では語れないビジネスなん…
そうかもしれません…
え…？
確かに現場で働いている私たちにとっては今の柴崎さんのお話は聞いていて気持ちよくありません
ですが最後におっしゃった「お客様がワンピースとアウターの購買で悩まれたときの対応に問題がある」
これは私も現場にいて実感していました
まだ入社したばかりの方にそのことをズバリ指摘されて驚きました

あの
私たちはいったいどうすればよいのでしょうか?
チラ…
!
それは営業部のリーダーが指示してくれるはずです
!!
お俺…!?
……
…店長
は…はい!
明日からやってほしいことがある

翌々日―…
ああ店長？どうだった昨日？
うんうん
マジかわかった
…おい数学オンナ
……
おい無視すんな
すみません私のことだとは思わなかったもので
…昨日表参道店でアウターとワンピースがよく売れたらしい

お客様が試着をするときの対応を変えてみたんだ
特にアウターとワンピースの接客時に小物…
たとえばストール ブローチ 靴などをプラスして試着させるようにと
高額なアイテムほど購入に慎重になる
できるだけ着た姿を具体的にイメージできるように

ファッションは組み合わせだ
ちょっと小物を添えるだけでまったく印象が変わってくる
結果的にそのコーディネート提案した小物も一緒に買ってくださったお客様もいたそうだ
ありがとうございます
…そうですか
あのなひとつ言っておくけどだからって調子にのるなよ!

掛け算と足し算をしてください
へ？
掛け算
＋
足し算
今回の改善は売上を「アイテム」と「お客様」という2つの概念で分けました
売上
アイテム
アウター
＋
ワンピース
＋
トップス
＋
ボトムス
お客様
来店客数
×
声かけ率
×
接客率
×
購買率
そして「アイテム」は足し算で分類「お客様」は掛け算で分解しています

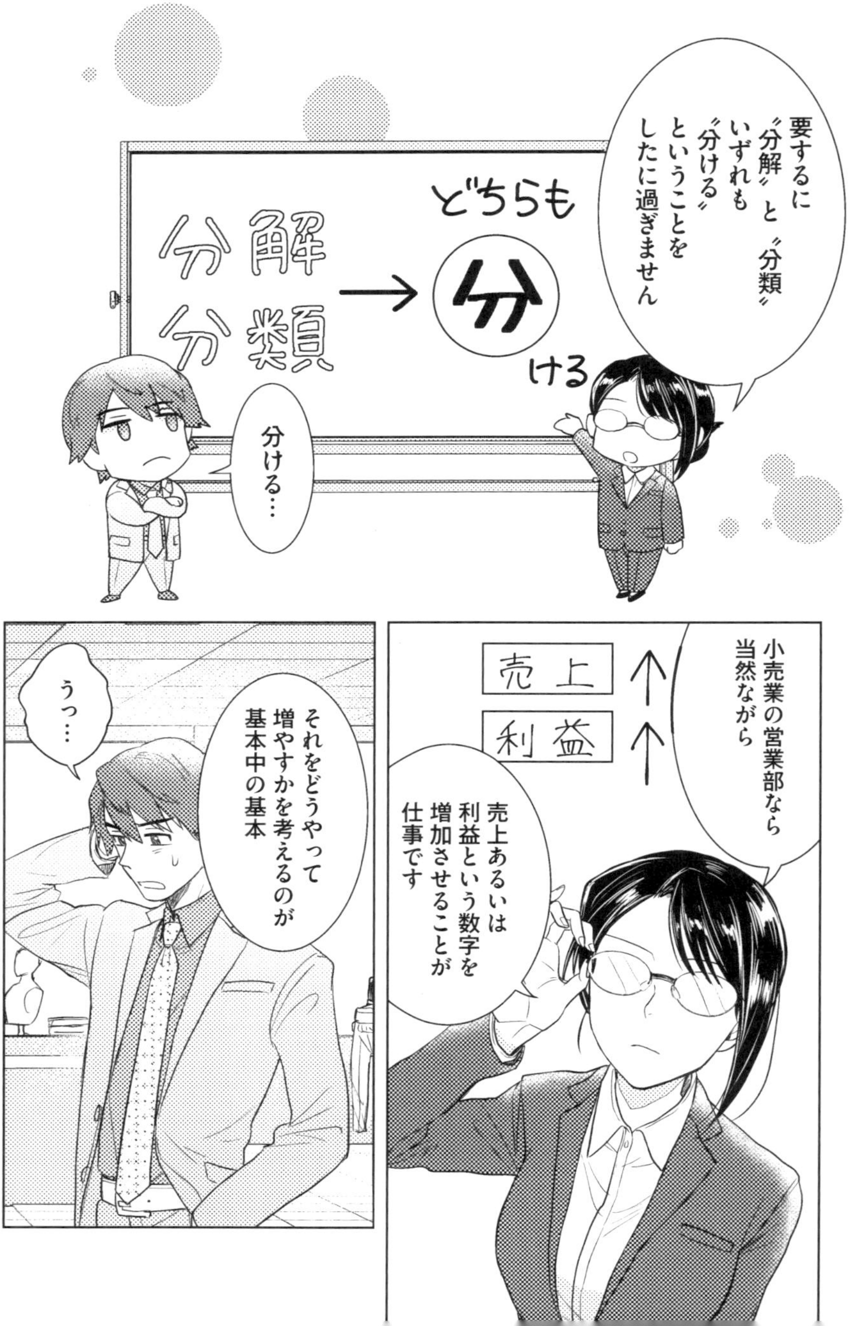
要するに“分解”と“分類”いずれも“分ける”ということをしたに過ぎません
分解
分類
どちらも
分ける
分ける…
小売業の営業部なら当然ながら
売上
利益
売上あるいは利益という数字を増加させることが仕事です
それをどうやって増やすかを考えるのが基本中の基本
うっ…

では考えるとは
具体的に
何をすることか
〝分ける〟
ただそれだけ
数値分析の基本です
はいはい
わかりましたよ
ところで
答えはもう
出ましたか？
なぜ私が
この営業部に
配属されたのか
さぁね

数学女子　智香の解説編

「数会話」がすべてを変えてくれる

柴崎智香です。

私は木村さんに「ファッションの言葉ではなく、数字という言葉で会話しなければなりません」と伝えています。数字を使って会話することを、私は**「数会話」**とネーミングし、様々な企業のコンサルティングで指導してきました。

「数字で会話しましょう」

ただこれだけのことなのに、なぜ企業のコンサルティングが成立するのか。それはビジネスパーソン個人はもちろん、組織全体の成果に直結するからです。

例えば、「働き方改革だ！」「効率よく仕事しなさい！」なんて指示を上司からされても、あなたは戸惑うはずです。

なぜかというと、それだけでは具体的に何をどうすればいいのかわからないからです。

でも、「今お願いしている3つの仕事を今週中に終わらせてほしい。残りは4日間だ。どう進めるのが効率的か考えてやってみて」と言われたら、少しだけ具体的に考えることができるはずです。

いつまでにどの仕事を終わらせるか、そのためにどんな手順で進めるか、そのために必要な根回しは何か……。

数字で会話することは、仕事の内容を具体的にするのです。

具体的になるから具体的に行動に移せる。行動に移せるから改善もできるし問題解決もできる。だから成果に直結するのです。

私が木村さんにまず「数会話」をお願いした理由、おわかりいただけたでしょうか。

つくる➡読む➡改善する

ただし、数会話するためには会話に使う数字が必要です。だからまずは自分で数字をつくる必要があります。そして次にその数字を読む。

とてもシンプルですが、ビジネスパーソンはこの2つの行為を組み合わせて、仕事がもっとうまくいくように改善を図るのです。本編ではこのような仕事の流れでした。

数字をつくる（販売員の仕事の状況をアイテム別に記録した）

⬅

数字を読む（ワンピースとアウターの接客方法に課題ありという仮説を立てた）

⬅

改善する（接客時の工夫で、数字が伸びた）

「数字を読む」とは、言い換えれば数字から具体的な示唆（行動）を導く行為です。

あなたも仕事をしていて、日々いろんな数字を目にすることでしょう。しかし、その数字そのものだけを見ていても何もわかりません。その数字の裏側を読み解いていかないといけないのです。これが一般的に数値分析と呼ばれる行為です。

数値分析の基本は、木村さんにも伝えた「分ける」という視点です。そして、「分ける」とはシンプルに言えば2種類しかありません。

・掛け算で分ける（分解）

⬇（単価）×（来店客数）×（声かけ率）×（接客率）×（購買率）

・足し算で分ける（分類）

⬇（ワンピース）＋（アウター）＋（トップス）＋（ボトムス）＋（小物）

こうすることでようやく数字の裏側が見えてきます。結果、何をどうすればよいかも見えてくるでしょう。

難しく考える必要はありません。例えば給与額をアップさせたいという課題が、もしあなたにあったとしたら、その給与額という数字を分ければいいのです。

給与額＝（基本給）＋（残業代）＝（基本給）＋（残業時間単価×残業時間）

たったこれだけのことでも、給与額を増やすためには何をすればよいかが具体的になります。

基本給を上げてもらえるような仕事をする。残業時間単価を上げてもらう。残業時間を増やす。あなたにとって現実的なのはどれでしょうか。

以上を踏まえて、次の４つの問いをご自身にしてみることをお勧めします。

【数字を行動に結びつけるための４つの問い】

Ｑ１　その数字は、どんな掛け算で分解できる？

Ｑ２　その数字は、どんな足し算で分類できる？

Ｑ３　その中のどこをどれくらい増やす？（減らす？）

Ｑ４　そのためには具体的に何をする？

あなたの周囲にも、木村さんのようなビジネスパーソンがいることでしょう。いえ、それはもしかしたらあなた自身かもしれません。仕事が好き。仕事が楽しい。それは素晴らしいことです。しかし、〝それだけ〟では、いつか必ず行き詰まることになります。

木村さんがここからどのように変わっていくのか、ぜひ応援してあげてください。

第２章

その値引きに「ロジック」はありますか？

10％オフだな

突然だが
1つ課題を出す
ドン
何でしょうか？
来月最初の土曜日と日曜日
表参道店のみゲリラ的に特別セールを開催する
えっ…ウチのブランドでそんなこと初めてですよね!?
そのセールをすべてお前に任せる

本当ですか！
それって僕が
全部決めていいいって
ことですよね⁉
ああ
お前はセールや
イベントが
大好きだったな
はい！
ワクワクします
たくさん
お客様が来てくれて…
ウチの服を買って
もらえるわけですから！
ただし
ピタ
厳守してほしい
条件がある
……？
何でしょう…？
その2日間トータルで
表参道店単体として
損失は出さないこと
加えて2日間の
利益は20万円を
目標にすること

えっ…
土日だから平日より お客様は多いはずだ 無理な要求は していない
天候などの影響で 客足が鈍ることも あるだろう
しかし 絶対に 損失は出さないこと
計算はザックリでいい この2日間でとにかく 利益を出す
それが 条件だ
あの… どうやって その結果を 数字で出せば…
それは 自分で考えろ

OFF
SALE
値引きするだけなら誰でもできる
戦略的にどう下げるかが重要だ
いいな?
はい
木村
…なぜ私が彼女を営業部に配属させたか
にこっ
もうわかっているんじゃないか
……

…おい
数学オンナ
カタカタ
いい加減
その呼び方
やめて
もらえますか
…柴崎
今いいか
なるほど
2日間限定の
セールですか
利益って言われても
正直わかんないし
利益とか数字の
話になると一気に
難しくなるんだよなぁ
俺らの仕事は
きちんと服を
売ることだろ

だいたいセールってのは
お祭りのようなもので
お客様に喜んでもらう場
俺もウチのいい服を
たくさんの人に
届けたいって想いで
仕事しているわけで
結果として
たくさん売れれば
それでいいじゃ…
いいえ
それは
ビジネスでは
ありません
そんなに
たくさんの人に
服を届けたいなら
自分でつくって
街中で無料配布でも
すればいいのでは?
え?
何だって!?
カタン
暴論に感じるかも
しれません
でも
びしぃ

あなたは人の資産を使って服を売る仕事ができています
その大前提を忘れてないですか？
うっ…
大体…どんなセール内容にするつもりですか？
まぁ…できればインパクト重視？
アパレル全品20%オフでドカンといきたいところだな！
そのロジックは？
そうくると思ったよ…
きっと社長もそこが狙いで俺にこのミッションを課したんだ
それはわかってるわかってはいるんだけどさ…
……

表参道店の固定費と変動費は把握されていますか？
…知らん
では1日にかかるコストの総額はご存知ですか？
いらっしゃいませー
ごゆっくりどうぞー
正直考えたこともない…
…よくそれで営業のリーダーをやってきましたよね
悪かったな！
どん引き
表参道店の1日の平均コストについて簡単に説明します
「固定費」は売上にかかわらず一定でかかる費用
「変動費」は売上に連動して増減する費用

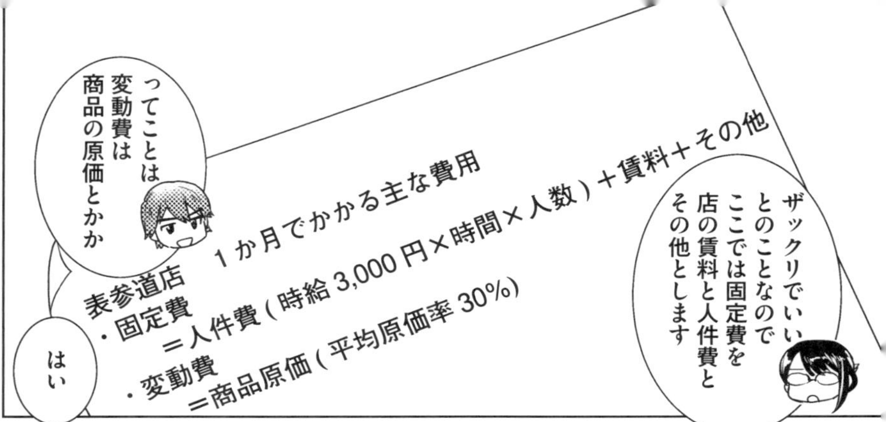
ザックリでいいとのことなのでここでは固定費を店の賃料と人件費とその他とします
表参道店　1か月でかかる主な費用
・固定費
＝人件費（時給3,000円×時間×人数）＋賃料＋その他
・変動費
＝商品原価（平均原価率30%）
ってことは変動費は商品の原価とかか
はい

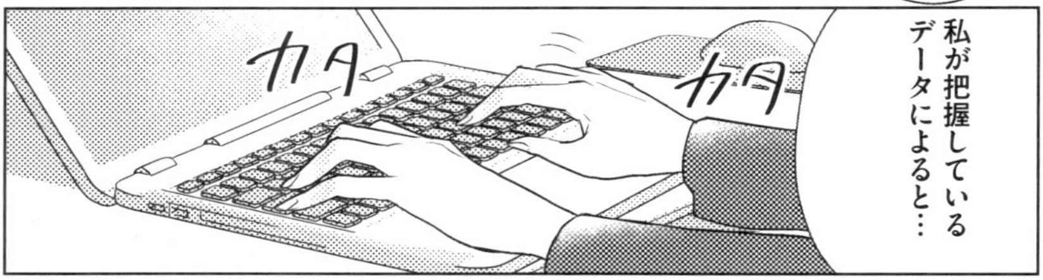
私が把握しているデータによると…
カタ
カタ

●表参道店のデータ

平均単価	原価率	販売点数（1日）	売上高（1日）	粗利（1日）
15,000円	30%	20点	300,000円	❶ 210,000円

スタッフ時給	勤務時間	人数	人件費（1日）
3,000円	10時間	4人	120,000円

家賃（1か月）	家賃（1日）
3,000,000円	100,000円

その他（1か月）	その他（1日）
300,000円	10,000円

費用合計（1日）
❷ 230,000円

1日の収益

❶粗利		❷費用合計		収益
210,000円	−	230,000円	＝	-20,000円

1か月の家賃300万円
高っ…
1日の売上から変動費を引いた粗利が21万円しかし固定費が23万円

21万−23万
=▲2万
ってことは表参道店は毎日…
2万円の損失を出し続けています
あくまでも平均による概算ですが
こうやって数字で見れば
佐野社長がなぜそのような指示をされたのかわかるのでは？
2万円のロス…
ここからが本題です
この状況の中でどうやって2日間で利益を出すか
「ドカンと20%オフ！」じゃさすがにテキトー過ぎるな…
20% OFF
20%オフが悪いのではありません
収益性が上がるのなら問題ありません
じゃあどうやってそれを判断するんだ？
?

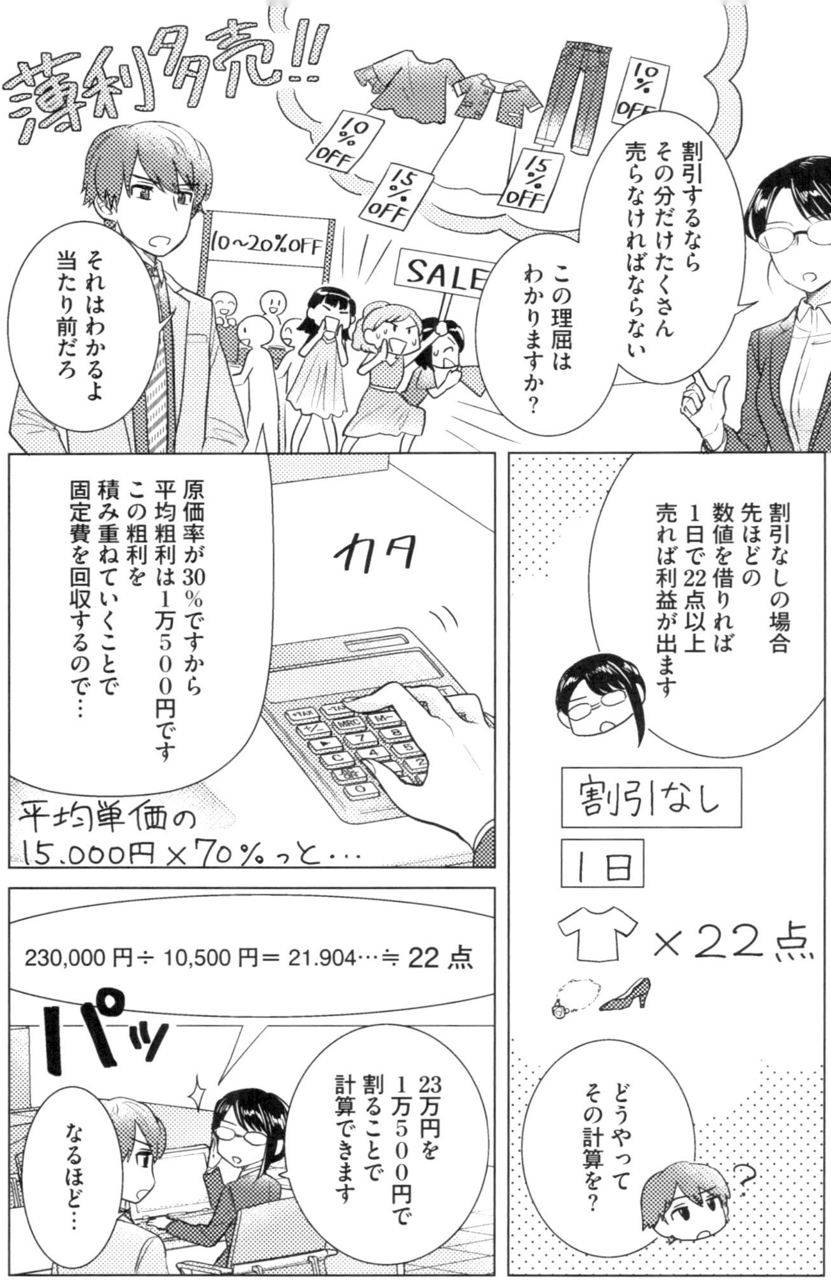
薄利多売!!
10%OFF
15%OFF
15%OFF
10%OFF
10~20%OFF
SALE
割引するなら その分だけたくさん 売らなければならない
この理屈は わかりますか?
それはわかるよ 当たり前だろ
割引なしの場合 先ほどの 数値を借りれば 1日で22点以上 売れば利益が出ます
割引なし
1日
×22点
どうやって その計算を?
?
原価率が30%ですから 平均粗利は1万５００円です この粗利を 積み重ねていくことで 固定費を回収するので…
カタ
平均単価の 15,000円×70%っと…
230,000円÷10,500円＝21.904…≒22点
パッ
23万円を 1万５００円で 割ることで 計算できます
なるほど…

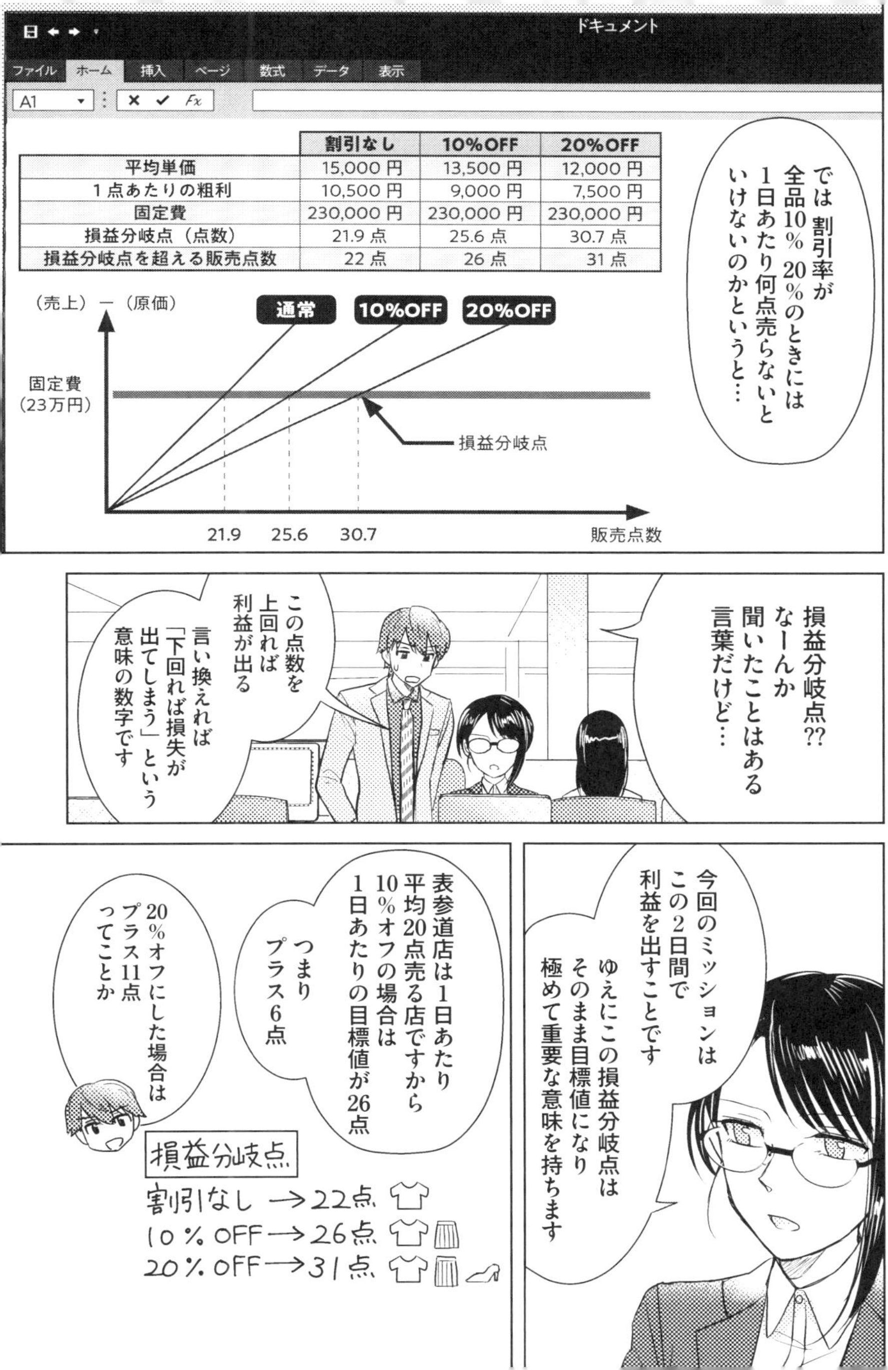

	割引なし	10%OFF	20%OFF
平均単価	15,000円	13,500円	12,000円
1点あたりの粗利	10,500円	9,000円	7,500円
固定費	230,000円	230,000円	230,000円
損益分岐点（点数）	21.9点	25.6点	30.7点
損益分岐点を超える販売点数	22点	26点	31点

●販売点数に対して得られる利益額

販売点数	割引なし	10%OFF	20%OFF
30	85,000 円	40,000 円	-5,000 円
31	95,500 円	49,000 円	2,500 円
32	106,000 円	58,000 円	10,000 円
33	116,500 円	67,000 円	17,500 円
34	127,000 円	76,000 円	25,000 円
35	137,500 円	85,000 円	32,500 円
36	148,000 円	94,000 円	40,000 円
37	158,500 円	103,000 円	47,500 円
38	169,000 円	112,000 円	55,000 円
39	179,500 円	121,000 円	62,500 円
40	190,000 円	130,000 円	70,000 円
41	200,500 円	139,000 円	77,500 円
42	211,000 円	148,000 円	85,000 円
43	221,500 円	157,000 円	92,500 円
44	232,000 円	166,000 円	100,000 円
45	242,500 円	175,000 円	107,500 円
46	253,000 円	184,000 円	115,000 円

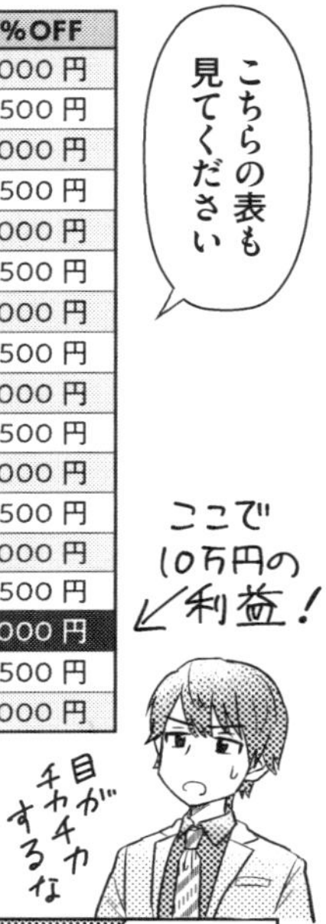
こちらの表も見てください
ここで10万円の利益！
目がチカチカするな

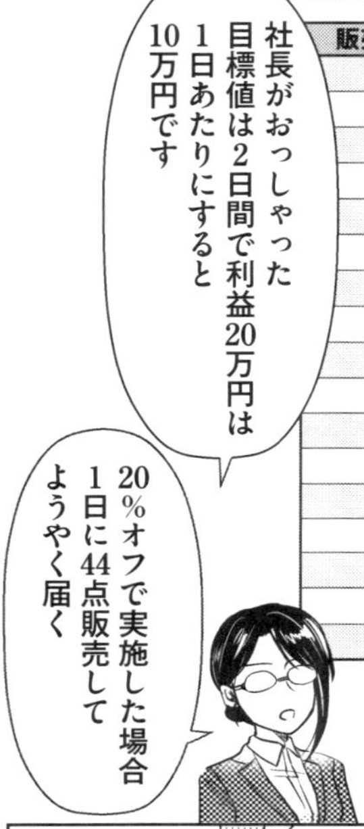
社長がおっしゃった目標値は2日間で利益20万円は1日あたりにすると10万円です
20％オフで実施した場合1日に44点販売してようやく届く

うーん 1日に44点か…
10％オフなら37点販売すれば届きます

つまりこういうことか

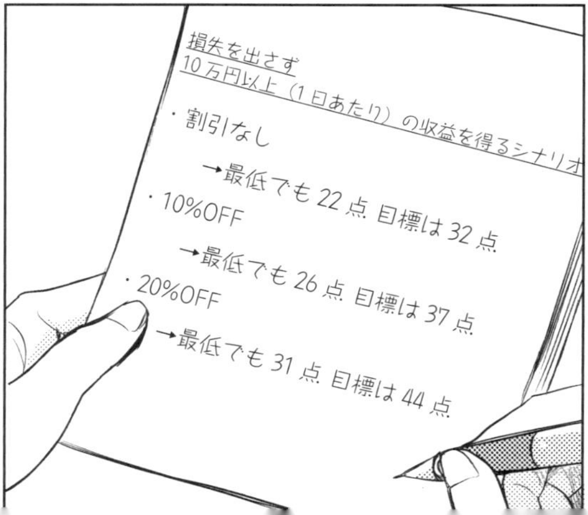
損失を出さず
10万円以上（1日あたり）の収益を得るシナリオ
・割引なし
→最低でも22点 目標は32点
・10%OFF
→最低でも26点 目標は37点
・20%OFF
→最低でも31点 目標は44点

木村さん重要な質問です
ん？

割引なし
最低 22点
目標 32点
10% OFF
最低 26点
目標 37点
20% OFF
最低 31点
目標 44点
土日の表参道店 この3つの シナリオのうち どれが 現実的でしょうか？
えっ…
ここまで来て 最後は俺が 判断するのか？
私はファッションに 関しては素人です
数字はあくまで数字… ここに関しては
現場感覚のある 木村さんの意見も 極めて重要です

数字で計算した結果を踏まえて現場をよく知っている人が答えを出す　これが正解に近づく方法です
うーん…
10％オフだな
その理由は？
せっかく仕掛けられるチャンスだ
割引なしという選択はしたくない

多くの企業で給料日が設定されている月末ならまだしも月初だからな…
金 土 日
4 5 6
10 11 12 13
17 18 19
24 25 26
あまり集客は期待できないと？
ああ
それに天候が悪くなると途端に客足が鈍るリスクもある
20％オフだと販売数はいつもの倍近い…
ちょっと現実的じゃない
WIXY
では表参道にはどのように伝えますか？
どや
10% OFF
2日間限定で10％オフ実施「目標は1日あたり10万円の利益」でいいだろ？

ダメです
何でだよ⁉
私の想像ですがスタッフは会社の利益のことなんて考えて売り場に立っていませんよね？
そんな人たちに利益の話をしても伝わりません
実際木村さんもかつてそうだったのではありませんか？
それは…でもそれが今回のミッションじゃないか
ですからそのミッションを現場のスタッフが使っている単位で伝えるのです
単位？

経営者の単位は利益額
つまり「円」です
でも店舗の
スタッフが使っている
単位は違うはず
経営者＝円
スタッフ＝？
そうか
彼女たちの
仕事は経営じゃない
たくさん商品を
売ることだ！
そう…
なので目標は
「販売点数」という
数字で伝えたほうが
イメージしやすいはず
目標
＝
販売点数
なるほど
つまり
10％オフするとは
彼女たちの言語では
どういうことになるのか
それを数字で示すべきです

10%オフのときに損益分岐点を超えるのは1日あたり26点
通常は平均20点の店だからプラス6点売ることになる
一方 目標は37点ですから平均よりプラス17点
スタッフは4人だから1人当たりプラス1・5点つまりプラス2点ならOKです
スタッフ1人あたりだとざっくりプラス4点か
ふむ
つまり各スタッフには
表参道店
4名
10%OFFの場合
最低 5点+ 2点
目標 5点+ 4点
「あなたは通常より最低プラス2点目標はプラス4点売るんだ」と伝えたほうがいいのでは？
その目標を達成するための接客方法やディスプレイの仕方をみんなで考えればいいんだな！
よしやってみるか！

土日限定セールの２日後
…以上 表参道店での 限定セールは よい結果に終わりました
手元の資料を ご覧ください
この2日間での 利益は概算ですが 23万円を達成
僕としてはスタッフへの 「通常よりも最低プラス2点 目標プラス4点」という 指示がよかったと思っています
ほう… それはつまり どういうことだ？
現場のスタッフは 売上や利益よりも
自分が売る点数に ついてはとても 敏感ですから
……
そういう数字で 指示したほうが 具体的に動いてくれます

なるほど
いい視点で考えたな！
はい！
NET SHOPPING
WIXY
ちなみにこの2日間の購入者にはカタログとネットショップのご案内をショップの袋へ同封しました
10%オフで購入したお客様が通常販売でどれくらい戻ってくるか観察していきたいです！
木村さん
あ？
同封したその販促物にはどれくらいコストがかかっているのでしょうか？
す

えっ…
コスト…？
・・・
えっ えーと…
知らない
……

数学女子　智香の解説編

「気持ちいいだけの値引き」をしてないですか

柴崎智香です。

マンガの本編で使われた数学的思考は、極めてシンプルな損益計算の話です。

ビジネスパーソンなら常識であり、必要であることに疑いの余地はないでしょう。でも現実は……。

収益に直結する大事なことなのに、意外とロジックのない割引をしてしまっている、といったことはないでしょうか。

おそらくどんなビジネスにも値引きは存在します。

値引きは気持ちがいいものです。すればお客様は喜んでくれますし、あなたの売りたいものもきっと売れるからです。

でもそれは感情の話であり、勘定の話ではありません。本編の木村さんは、まさに「たくさん売れるから嬉しい」という感情と、「数字なんてめんどくさい」という感情だけでテキトーな値引きをしようとしていました。

極論すると私は、**ビジネスの成否は、四則演算レベルの仕事をするか、それとも「めんどくさい」に負けてしまうか程度の差**だと思っています。

これまでたくさんの経営者とお会いしてきましたが、みなさん口を揃えておっしゃることが、「四則演算さえできればビジネスはできるよ」です。私もそう思います。もしあなたがそれをご存知ないとするなら、これほどもったいないことはありません。

本書との出会いをきっかけに、あなたも「感情だけ」の仕事から卒業しましょう。

ビジネスは例外なく、この計算で成り立っている

損益分岐点の考え方を整理しておきます。何個売れば利益が出るか。裏を返せば、何個以下の売れ行きだと損失が出てしまうか。

これはビジネスの数値計画を立てるうえでとても大切な情報です。正しく数字で把握できるようになっておきましょう。

・**損益分岐点＝（固定費の合計）÷（価格－変動費）**（※）

（※）価格とは販売単価。変動費とはその商品が1点売れるごとにかかる費用。

例えば、わかりやすく固定費100、価格10、その1点あたりの変動費6としましょう。商品が1点売れれば売上は10ですが、変動費6が発生するので、10－6＝4がいったんの利益として発生します。2点売れれば4×2＝8、3点売れれば4×3＝12の利益となります。

一方、固定費は売上にかかわらず100ですので、その固定費を回収できる販売数量は、

100÷（10－6）＝100÷4＝25　です。

つまり25点売れたときに固定費と利益が同額になり、固定費を回収できたことになります（次ページ図）。26点以上売れれば儲けが出ますし、24点以下なら損失が出るということです。

マンガ本編の10％オフの場合も、同じ考え方で計算しています。

■ 固定費を回収する売上は?

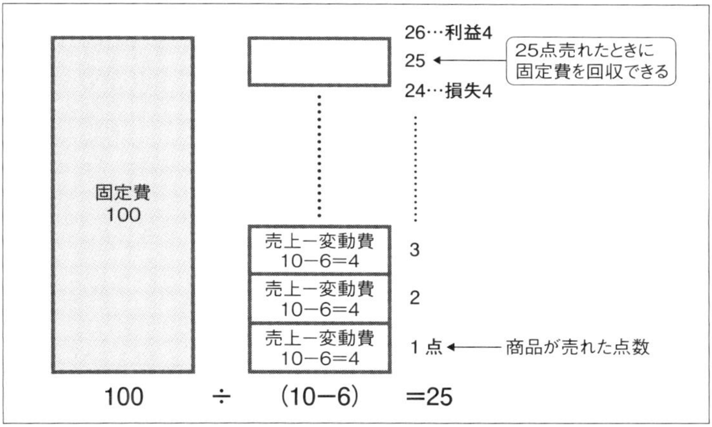

・価格＝平均単価の90％＝15,000×0.9＝13,500円

・変動費＝原価率＝平均単価の30％＝15,000×0.3＝4,500円

・固定費＝230,000円

・損益分岐点＝230,000÷（13,500－4,500）＝230,000÷9,000＝25.55…

つまり、26点を売れば損益分岐点を超えます。

この考え方さえ知っておけば、あなたも「ロジックのある値引き」を計画することができるはずです。

どう考えても儲けが出ない非現実的な割引をしてしまうことも絶対にないでしょう。そういう意味で、佐野社長はいい宿題を木村さんに出したと思います。

最後に整理しておきます。次のような手順で数字を使うことで、あなたも木村さんと同じ成功体験を得られるはずです。ぜひチャレンジしてみてください。

- **固定費、変動費、価格を数字で明らかにする**

⬅

- **割引計画は複数のケースを用意する**

⬅

- **ケースごとに損益分岐点を把握する**

⬅

- **もっとも損失が出にくいと思われる割引率を判断する**

値引きとはお客様に喜んでもらい（感情）、かつ自分のビジネスがきちんと潤うためにするもの（勘定）です。言葉遊びではなく、感情と勘定の両方を使ってするものだと覚えておいてください。

第3章

数学的な手法で「仮説」を立ててみる

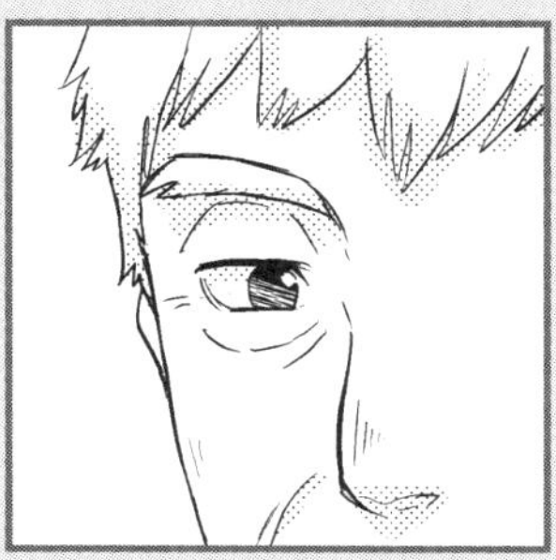

ふむ、面白いのはそこだね

ここが柴崎のいた大学なんだって？
ええ
そしてこの講座の講師は私の大学時代の恩師ゼミでお世話になった岡部潤一教授です
ふーん
社会人向け特別講義開催×月×日PM××～
最近はテレビでコメンテーターなどもされて…
ご存知ありませんか？
はんっ
知らないね

すた
すた
想定内です
聞いた私が
バカでした
ムカッ
おい
どうして
休みの日に
こんなところに
来なきゃいけないん
だよ
ぐしゃっ
帰っても文句
ないよな!?
コツ…
お伝えした
通りです
ジッ
木村さんの仕事に
必要な話が
聞けるからです!!
うっ
……
ざわ
ざわ
コツ

こんにちは
岡部です
今日は
社会人の
みなさんに
かつて学んだ
数学がいったい
仕事で
どう役立て
られるのかを
楽しく学んで
いきたいと
思います
パチパチ
あふ、
パチ
では
早速ですが
そこに
いらっしゃる
オシャレな
男性の方
失礼ですが
お名前と
お仕事は？
…へ⁉
俺？
にっこり

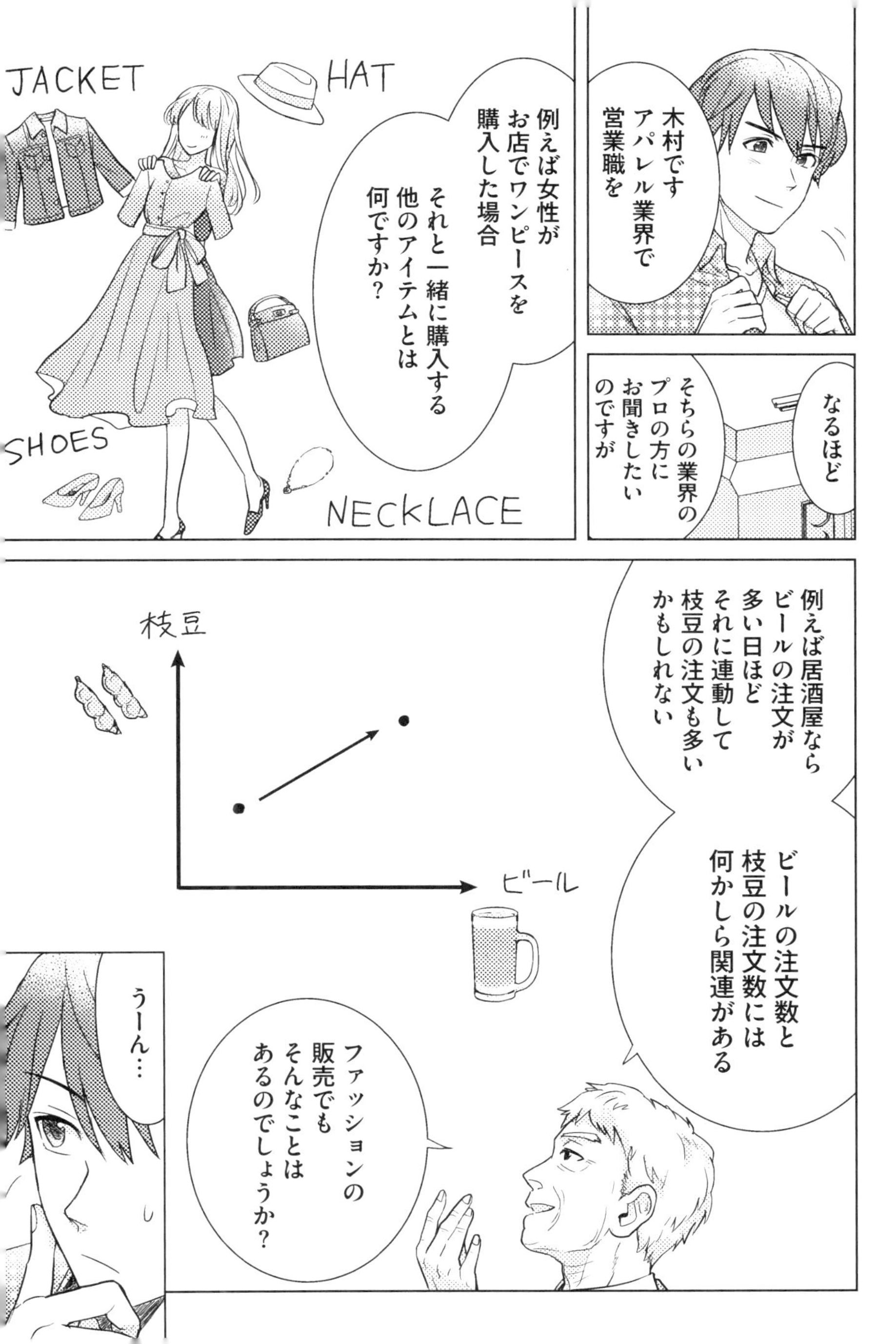
木村です
アパレル業界で
営業職を
なるほど
そちらの業界のプロの方にお聞きしたいのですが
例えば女性がお店でワンピースを購入した場合
それと一緒に購入する他のアイテムとは何ですか？
JACKET
HAT
SHOES
NECKLACE
例えば居酒屋ならビールの注文が多い日ほどそれに連動して枝豆の注文も多いかもしれない
ビールの注文数と枝豆の注文数には何かしら関連がある
枝豆
ビール
ファッションの販売でもそんなことはあるのでしょうか？
うーん…

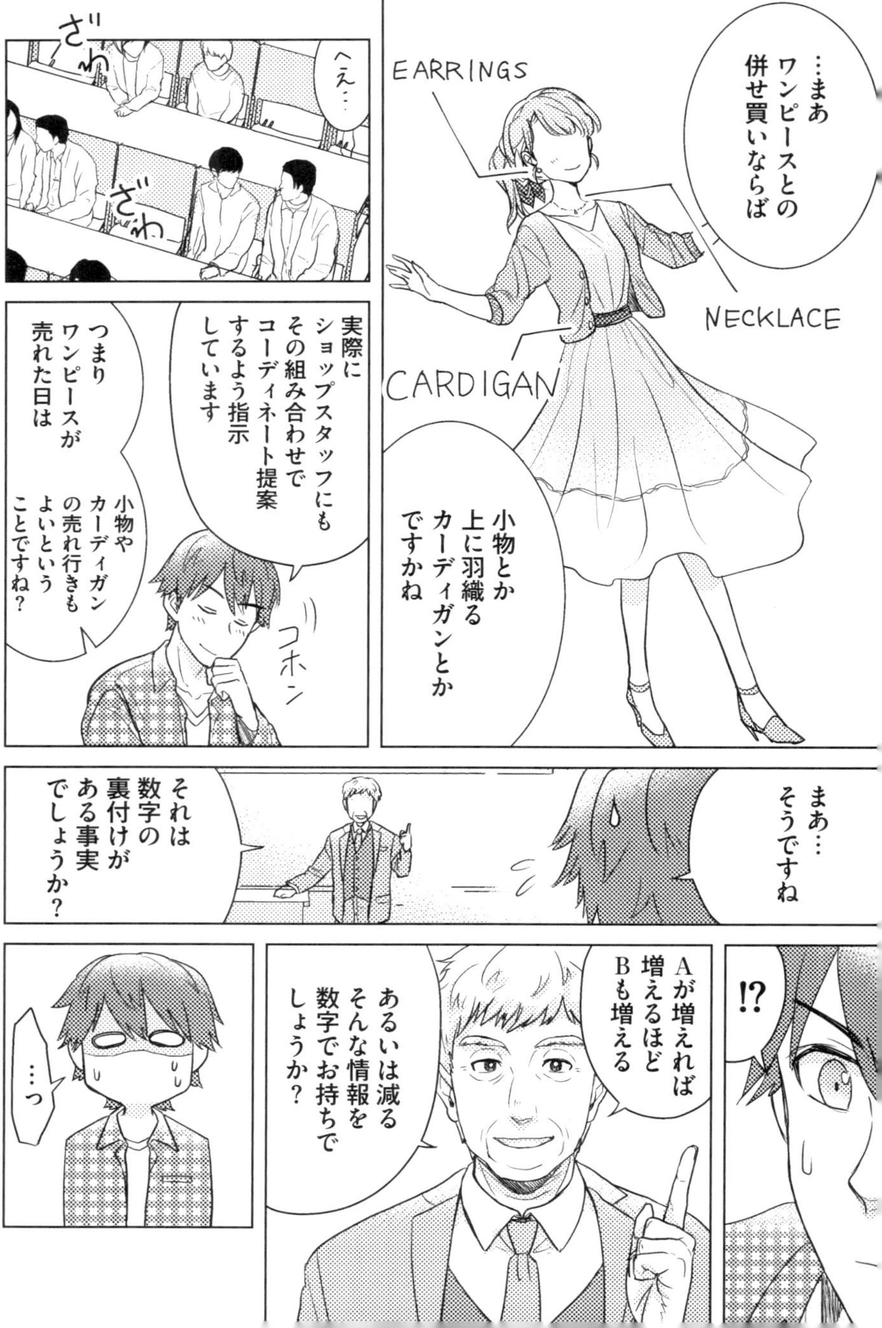
…まあ
ワンピースとの
併せ買いならば
EARRINGS
NECKLACE
CARDIGAN
小物とか
上に羽織る
カーディガンとか
ですかね
へえ…
ざわ
ざわ
実際に
ショップスタッフにも
その組み合わせで
コーディネート提案
するよう指示
しています
コホン
つまり
ワンピースが
売れた日は
小物や
カーディガン
の売れ行きも
よいという
ことですね？
まあ…
そうですね
それは
数字の
裏付けが
ある事実
でしょうか？
!?
Aが増えれば
増えるほど
Bも増える
あるいは減る
そんな情報を
数字でお持ちで
しょうか？
…っ

シン…
木村さん突然すみませんありがとうございました
みなさんのお仕事においてもこれと似たようなケースがあるのではないでしょうか？
岡部教授少しも変わってないわね…
くす
例えば書店
新刊
このマン
すごい第1
ドラマ化
〝取り扱い点数が多い書店ほど売上も大きい〟は
何だか正しそうな気がしませんか？
売上B
10000
AとBには相関関係がある
取り扱い点数A
このようにAの大小とBの大小に関連性があるときAとBには**相関関係がある**と言います
ちょっといいですか

僕はこういう分野はサッパリなので素人の質問だと思っていただきたいのですが
その相関関係が数字でわかることのメリットというのは何ですか？
まさにその話をしようと思っていました
にこ
ご質問ありがとうございます
先ほど〝取り扱い点数が多い書店ほど売上も大きい〟と言いましたが
売上
?
?
?
営業年数
Book
NEW
本
OLD
一方〝開店してからの営業年数が長いほど売上も大きい〟は正しいと思いますか？
…いや 何となくそうとは限らない気もします
営業年数はあまり売上には関係ないんじゃ…

ええ つまり こういうこと ですね
キュッ
取り扱い点数の多さ ～（相関関係がある）～ 売上の大きさ
営業年数の長さ ～（相関関係？）～ 売上の大きさ
しかしこのままでは本当にこれが正しいのか具体的にどれくらいの関係があるのかとても曖昧です
もしこの関係の強さ・弱さが1つの数字で表現できたら便利だと思いませんか？
どういうことですか？
例えば何らかの方法で前者の相関関係の強さが0・6という数値で算出されたとします
一方後者は0・2としましょう
取り扱い点数の多さ ～（相関関係がある）～
0.6
営業年数の長さ ～（相関関
0.2

木村さんより強い相関関係がありそうなのは？
0・2より0・6のほうが大きいから取り扱い点数のほうってことですか？
その通りです
この何らかの方法で数値化したものを数学では「相関係数」と呼びます
キュ
相関係数
ソーカンケースー
何ソレ!?
加えてこの数字は必ず-1から+1の間に入ります
だから0.6なのか…
取り扱い点数の多さ 〜(相関関係がある)〜 売上の大きさ
0.6
営業年数の長さ 〜(相関関係?)〜 売上の大きさ
0.2
相関係数
さてこのような数字の裏付けが得られれば書店を経営する人は仮説を立てることができます
何らかの方策を取らないと売上は下がっていく一方だと

地道にコツコツ経営していけばいずれ売上が上がるということは考えにくい
なるほど
だとすればこの書店の経営者がすべきことは
何だと思いますか？
どなたかのご意見を伺いたい
スッ…
取り扱い点数を増やす方法を考える
ただしリアル店舗の規模を大きくすれば当然コストも膨れ上がる
取り扱い点数の増大
既存の店舗
＋
オンラインショップ
本
ゆえにオンラインショップも運営し低コストで膨大な取り扱い点数を維持できるビジネスモデルにする

1つの解として妥当でしょう
にっこり
ありがとうございます
ペコ
木村さん さっきのワンピースの話もまったく同じことでは？
ワンピースの売れ方と相関関係があるアイテムがどれか具体的に数字で把握できたら便利だと思いませんか？
ワンピース
アイテム
そう…ですか…？
その数字があると木村さんにはどんなメリットがあると思いますか？

うーん
僕の勘だけでなく
数字でもはっきり
示せるので誰かに
説明するときに
楽かもしれないです
まあ
会社が僕の
個人商店だったら
いいんですけどね…
!
スタッフ
ほかの従業員と一緒に
仕事を進めていく
わけなので
説明するときに楽で
説得力があるのは便利
かもしれないです
なるほど
ニコ
ではいったい
どうやってこの
相関関係を数学的に
数値化するのか
少し興味を持って
いただけますか？
!
…多少は
では続きを
説明しましょう

久しぶりだね
ご無沙汰しております 教授 少しも変わりませんね
柴崎さんはご活躍のようじゃないか
とんでもないです
木村さん 今日は楽しんでいただけましたか?
はい 正直 来る前はここに連れてこられる意味がわからなくて…
はっはっ
まぁ あまり人気のないテーマだからね
せっかくなので講義の内容を復習しませんか?
WIXYの販売データを使って相関係数を出してみましょう
学んだことはすぐに実践したほうがいいです 明日にはすぐに忘れてしまいます
チャッ
ゲッ

カチ
WIXY販売データ
まず数学的理論で算出できる相関係数の定義は？
えーと2つの量の相関関係の強さを数値化したものだったよな
相関関係には2種類ありましたが？
えーと正の相関関係と負の相関関係かな…
はいAが大きくなればなるほどBも大きくなる場合正の相関関係と呼びました
正の相関関係
B
A
負の相関関係
B
A
Aが大きくなればなるほどBは小さくなる場合負の相関関係です
では相関係数の値の範囲は覚えていますか？
-1から+1
うんうん

でもさ この計算する 過程の説明が 難しかったな
木村さんのような ビジネスパーソンに とっては理屈よりも どう活用するかが大事 ですよね？
あの理論は あくまで 参考程度に
私もそう 考えます
活用することが最優先 極論 その裏側にある 理論は説明できなくても 構わないかと
あ そうなの？ ちょっと安心 した
で 活用するときは どうするん でしたっけ？
エクセルで 計算させれば いいんだよな
ちゃんと ノートも 取ったぞ
フフン
えっと CORREL って関数だ
では私の パソコンに 入っている データで実際に やってみましょう
カタン
CORREL (配列1,配列2)
-1 ≦ 相関係数 ≦ +1
+1に近い数値であればあるほど、強い正の相関関係がある
-1に近い数値であればあるほど、強い負の相関関係がある
カチ

先月
表参道店で日別に
どんなアイテムが
何点売れたかを表す
データです
先ほど話題に出た
ワンピースの
販売点数と
強い相関関係がある
アイテムを把握します
ここではあくまで
日別という切り口で
分析を
うっ
…目が
チカチカする
カーディガンや
小物系だと
思うけどなあ
木村さん
休日と平日では
数値の前提が
異なってくるもの
でしょうか？
うーん まあ
販売点数は
当然ながら
土日のほうが
多いし
客層も違う気が
……
では分けて数値を
取りましょう
まずは平日で
相関関係を算出
次に土日で算出
します
どうぞ
えっ俺？
え〜〜っと
こーゆーの
苦手だなあ
カタ
カタ

…できた
これでいいのか?
正しく処理できているようです

●ワンピースの日別販売点数と
ほかのアイテムとの相関係数

アイテム	休日	平日
ジャケット	-0.18	-0.40
コート	0.28	0.20
ベーシックニット	0.93	0.67
カーディガン	0.10	-0.26
ブラウス	0.39	-0.27
Tシャツ・カットソー	0.35	-0.26
スカート	-0.52	-0.42
パンツ	0.08	-0.12
バッグ	-0.36	-0.11
アクセサリー	0.19	0.05
シューズ	0.34	0.19
その他	-0.22	0.30

プラスの数値が高いほど正の相関が強いんだよな
ええ ワンピースの販売数が多い日ほどそのアイテムも売れたことを意味します
ほー これは興味深いね
カーディガンや小物系の数値に注目ですね
あれ? 数値が低い
これはいったいどう解釈すれば…?
ーシックニット 0.93 0.67
カーディガン 0.10 -0.26
ブラウス 0.39 -0.27
Tシャツ・カットソー 0.35 -0.26

数値の大小や正負から見るとワンピースの販売数と
カーディガンや小物系のそれとは正の相関関係が認められない
つまりスタッフのセット販売の提案がうまくいっていない可能性がありますね
ビールと枝豆の関係になっていないということか
逆に正の強い相関関係があるのはどれでしょうか?
ベーシックニット 0.93 0.67
……え? ベーシックニット??
何でだよ ワンピースとベーシックニットなんて一緒にコーディネートしないし

ふむ 面白いのは そこだね
しかも 平日 土日いずれも 高い数値… 何か理由がある はずです
木村さんや ショップスタッフが 認識していない 傾向というのは
お客様が自然に つくり出している 現象です
必ず何か メッセージが あるはず
木村さんの これまでの経験から 仮説が 導けませんか?
確かに
ベーシックニットなんて どこにでもある アイテムがなぜ 売れるのか 気にはなっていた
ひょっとして
「ついで買いするもの」 イコール 「一緒にコーディネートするもの」ってのが 思い込みなのかも?

どういうことですか？
俺たちが服を売るときってさコーディネート提案するのが常識なんだ
俺も先輩からずっとそういうふうに教えられてきたし
そちらのワンピースでしたらこの帽子がよく似合いますよ
でもそれは売る側の理論であって買う側がついで買いしたいのは
一緒にコーディネートするためのものとは限らないのかもしれない
WIXYのお客様がワンピースを購入する理由って何でしょうか？
ウチのワンピースは――

華やかで柄物が多い
オフィス使用は
ちょっと難しいものが
ほとんどだ
デートや
パーティーとかのシーンで
着ていく〝勝負服〟が
欲しいって理由が
圧倒的に多いと思う
では
ワンピースなんて
ほとんど着たことのない
素人の意見として
聞いてください
そんな感じ
するわ
はっはっはっ
コホン
女性にとって
ワンピースは
ケチりたく
ないものでは？

少し高くても
しっかりしたものを
購入したい
OFF
ON
オフで着る
勝負服に
高い金額を出すと
いうことは
裏を返せば
ビジネスなどオンの
シーンで着る
ベーシックな
アイテムは…
できるだけ
着回しが利いて
低コスト
つまりコスパが
よいものが理想と
考えるってことか?
ええ
いかがで
しょうか
そうか 加えて
ウチのワンピースは
柄物が多くどれも
着回しが利かない
だから無意識に
「逆に着回しが利く
ものも何か1着
ついでに…」
という気持ちに
なりやすい
かもしれない

だからワンピースのついで買いとしてベーシックで低価格のニットが売れる
ワンピース
相関関係
ベーシックニット
したがってこの2つの日別販売点数には相関関係がある
1つ仮説ができましたね
もしこの仮説が正しいとするなら具体的にショップスタッフに何をしてもらうべきでしょうか
先ほどの書店の話と同じです
ああオンライン書店をやったほうがいいってやつか
ええ木村さんはどうしますか？
そうだな

女性の
ライフスタイルに
彩りを加えるのが
俺たちの仕事だ
ウチの主力商品は
あくまでワンピース
そしてそれは
多くの女性の
〝勝負服〟だ
……

これは俺の主観だけど
ワンピースを買うときのお客様って本当に嬉しそうな顔をするんだ
ワンピースは女性を最もときめかせる
そしてその購入を決めたお客様は気分的にもう1品買ってくれる可能性が高い
そちらもお似合いですね！
そこのセールストークをうまくやってほしい
具体的には…？
ベーシックニットのついで買いにつながるトークだよ
そのトーク内容は？
ゔっ…
それは明日考える
…もう疲れて頭が働かないのですね
ばれた？
へへっ

はぁ
まったく
さて私はそろそろ失礼するよ
岡部教授本日はありがとうございました
ありがとうございました!
ペコリ
いえいえ
しかしおふたりさんいいコンビになりそうだね
ガチャ
教授それは異議ありです!
ビッ
同じく
はっはっではまた

数日後
WIXY
では こちらのワンピースは レジでお取り置きして おきますね
お願いします
ありがとう ございます
やっぱり ワンピースって いいなー
わかります 私もワンピースを 着る日はなんとなく テンションが 上がってしまって…
わいーわい
そうですよね！

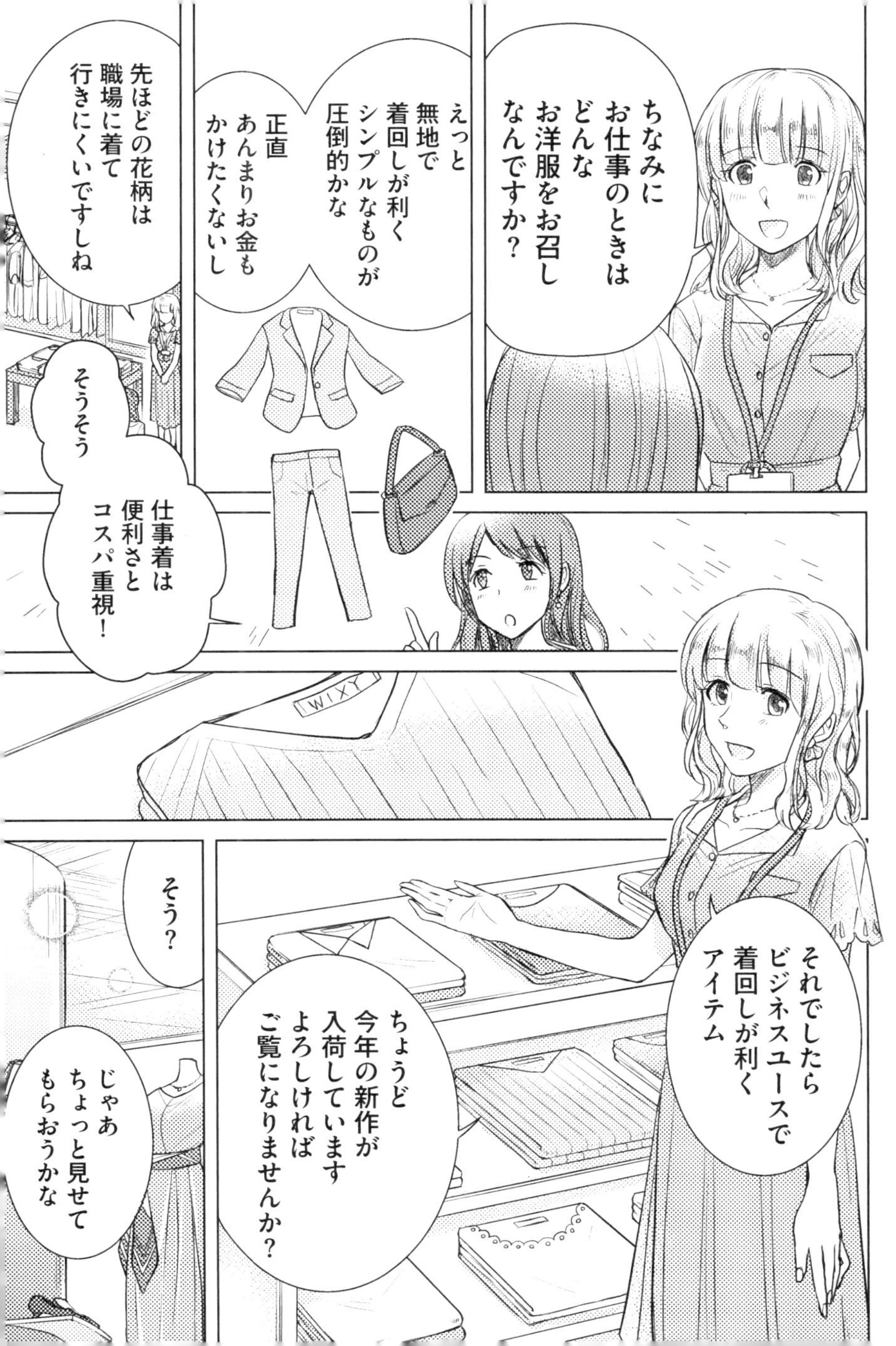
ちなみに お仕事のときは どんな お洋服をお召し なんですか？
えっと 無地で 着回しが利く シンプルなものが 圧倒的かな
正直 あんまりお金も かけたくないし
先ほどの花柄は 職場に着て 行きにくいですしね
そうそう
仕事着は 便利さと コスパ重視！
WIXY
それでしたら ビジネスユースで 着回しが利く アイテム
ちょうど 今年の新作が 入荷しています よろしければ ご覧になりませんか？
そう？
じゃあ ちょっと見せて もらおうかな

木村さん
接客後のトーク内容を変えた件どうでしたか?
先週末のワンピースとベーシックニットの数字はともによかったし
実際についで買いもあった
ほかの店舗でもやらせてみているけど同じ傾向が出ている
仮説は正しかったということかな
そうですか
はあ…
でもあんまり面白くないなー
え?

俺の経験と勘ってそんなに役立たないものかなと思ってさ
一応この仕事がすごく好きで大げさに言えば人生かけてやってるわけよ
数字? 相関関係? 仮説? 何だよそれって思ってさ
わかってます
ピク
へっ⁉
木村さんが私の言ってることを〝クソくらえ〟と思っていることも
…そこまでは思ってないけど
そして人生かけてこの仕事をやっていることも

あの言葉には
正直
シビれました
女性の
ライフスタイルに
彩りを加えるのが
俺たちの仕事だ
？
私は
ファッションに
なんて興味が
ありません
服なんかで
人生は変わらない
そう
思っています
でもそれは
違うのかも
しれません
何言ってるのか
よくわかんないん
だけど…

ガタ
何でもありません　お先に失礼します
フッ
カチャ
ニコ
ペコ

「思い込み」は百害あって一利なし

柴崎智香です。
あなたには「こういうものだ」と無意識に思い込んでしまっていることはないでしょうか。簡単な例を挙げます。

・身長の低い男性は女性にモテない

本当にそうでしょうか。仮に「モテる」を「交際相手（あるいは妻）がいる」とシンプルに定義します。身長の低い男性は女性と交際していないでしょうか。逆に身長が高い男性なら結婚できるのでしょうか。

ちょっと冷静に考えれば、本当にそうなのかは疑わしいですね。「身長の高さ」と「モテる度合い」に相関関係があるのかどうか、実際に確かめてみないとわかりません。

もし私なら身長が低い男性100名、身長が高い男性100名をランダムに選んで調査を実施し、交際相手（あるいは妻）がいる割合を数値化することで実態を把握しようとするかもしれません。

あるいは「これまでの交際人数」と「身長」という2つの数値の大小にどれくらい相関関係があるかを把握しようとするかもしれません。

仮に、今ここに「身長が低くかつ女性にモテない男性」がいたとします。彼は自分が女性にモテないことを身長が低いせいだと思っています。

でも本当にそうなのでしょうか。もし先ほどのような調査の結果が「相関関係はない」だとしたら、そして彼がその事実を知ることができれば、自分の思い込みに気づき、モテるための正しい努力をすることができるかもしれません。

前置きが長くなりました。

私が申し上げたいのは、**思い込みはときに人を間違った方向に進ませることがある**ということ。正しい行動を阻害します。百害あって一利なしです。では、どうすればこの思い込みを減らせるでしょうか。もちろん私の答えは「数字を使う」です。

本編でも木村さんは、ワンピースと一緒に購入されているアイテムを正しく把握できていませんでした。

これこそまさに「こういうものだ」という思い込みであり、そしてそのことに気づかせてくれたのは数字の力でした。

使える！「相関関係」と「相関係数」

この第3章では、ビジネスにおいて活用事例の多い「相関関係の有無や強弱」について取り上げました。本編で登場した用語について、あらめて次ページに整理しておきましょう。あなたの仕事で、活用できるシーンがないか、ぜひ考えてみてください。

なお、本書では相関係数の数学的理論は解説していません。ただエクセルの関数を使えばよいですよ、としました。ビジネスパーソンは仕事で使うことが重要だから、という理由によるものです。

■ 相関関係について整理しておこう

相関関係

データＡとデータＢに相関関係があるとは、Ａの増減とＢの増減に似た傾向があることを指す。

- Ａが増えれば増えるほどＢも増えるとき、「正の相関関係がある」という
- Ａが増えれば増えるほどＢは減っていくとき、「負の相関関係がある」という

相関係数

２種類のデータにどれくらい相関関係があるかを数学的理論に基づき数値化したもの。　次の３つの特徴がある。

- −１ ≦ 相関係数 ≦ ＋１
- 相関係数が＋１に近ければ近いほど、強い正の相関関係がある
- 相関係数が−１に近ければ近いほど、強い負の相関関係がある

算出方法

エクセルファイルにおいてCORREL関数を適用する。

＝CORREL（データＡの配列，データＢの配列）

相関係には、こんな活用の仕方があります

あなたにもビジネスで相関係数を活用するイメージが湧くよう、いくつか実際にビジネスで使われた事例をご紹介しましょう。

・セミナーの参加者満足度と休憩時間

⬇セミナーを運営する会社から聞いた事例です。セミナー中の休憩時間が少ないほど満足度が低くなる傾向があるそうです。講師には休憩時間をしっかり取るようディレクションできます。

・平均出社時間と給与額

⬇ある企業のコンサルティングであった事例です。朝が早い人ほど仕事の評価も高い傾向がありました。だから出勤時間を早めさせるということではなく、時間の使い方について意識を高める教育が必要という仮説が立てられます。

・ワインと生ハムのオーダー数

➡飲食店では、例えばこのような異なる2つの物のオーダー数がとてもよく似た傾向で推移することもあるそうです。だとするなら、最初からまとめてセットでお客様に提案することで単価を上げることができるかもしれません。

これらはほんの一例です。でも何か2つのモノやコトの**相関関係を把握することで、あなたもきっと自分の仕事を改善するヒントが得られるはず**です。

ただし得られたヒントは、あくまで仮説をつくる素材にすぎません。仮説とは、「おそらくこうではないか」という仮の事実です。あくまで、仮。だから、それが本当に正しいかを検証しなければなりません。

「数字➡仮説➡実行➡検証」が大切です

もしあなたに、木村さんと同じような場面があったら、その仕事は次のプロセスを踏むことになります。

「数字　⬇仮説　⬇実行　⬇検証」

本編でも木村さんはショップスタッフに具体的な接客トークまで指示し、その結果がどうだったかを検証しました（岡部教授と別れたあと、私が具体的な接客トークを考えるようしつこく言い続けていたことは、ここだけの話ですが）。

実行して、その結果を必ず検証してください。

「数字⬇仮説⬇実行⬇検証」で1つの仕事なのです。

ところが、様々な企業を見ていると、この「実行」と「検証」をしないケースがとても多いように感じます。

数字に強く、知識が豊富にもかかわらず、成果はイマイチなビジネスパーソンをたくさん見てきましたが、その原因はこれに尽きます。

せっかく仮説まで立てたのに、「忙しい」「失敗したくない」など様々な理由をつけて実行に移さない。

私はこれを「実際にはやらない症候群」と呼んでいます。

また、せっかく実行したのに、そのあとの検証をしないケースも多いようです。私はこれを「やりっぱなし症候群」と呼んでいます。あなたの周囲にもこのような人がいませんか？　もったいないですよね。

「数字をこねくり回すことだけは上手だけど、何もしない人」

あなたにはそうなってほしくありません。検証のための実行であり、実行のための仮説であり、仮説のための数学的手法であることを、どうか忘れないでください。

第 4 章

数学的モデルで「売れる数」を予測する

この数式が予測に使えるのよ

ガヤ
ガヤ
先週行った
箱根旅行
楽しかったね～
温泉
気持ちよかった～
ところで
新しく入社したっていう
理系の女性とはうまく
やっているの？
ムシャ
うーん まぁ
面倒くさいヤツだよ
とにかく数字
数字 数字
千春とは
全然違う
そう…
そういう人って
とっつきにくいよねー

カサ
そうだ 数字といえばね
先週 このセミナーに参加してきたの
ビジネスで役立つ数学的思考入門
会社で費用を出してくれて 半強制的に
研修？
大手商社は やっぱり違うな
しかも数学的…
私もこういう〝ザ・理系〟なのは 苦手だなって 思った…
ビジネスで役立つ数学的思考入門
だろ？ いいんだよ
仕事ってのは 情熱とお客様への 愛があれば…
こういう 勉強も 大事かも しれないけど
わかってますよ いつも 聞かされてるから
でもね これは使えると 思ったものが 1つあったの
パラ

●誰でも簡単にできる 単回帰分
1. どれでもよいのでグラフの中のポイン
右クリック
2. 「近似曲線の追加」を選択
3. 「近似または回帰の種類」において 「線形近
を選択
4. 以下のチェックボックスにチェックを入れる
グラフに数式
グラフにR
5. 「閉じる
…何て読むんだ??
“タンカイキ ブンセキ”
単回帰分析《たんかいきぶんせき》
私も初めて聞いた
タン タンカイキ 舌を噛みそうだな
この前 コンビニ担当の後輩から相談されて…
とあるコンビニで どれくらい中華まんが 売れるかを事前に予測して
仕入れ数を 提案したいん だって
おでん処
でね 過去の気温と 販売実績の関係から 今後の販売数を予測 できないかって
へぇ
パラ
そんな感じの 難しいことを 言っていたんだけど…
まあ 気温が 低ければ低いほど 中華まんは 売れそうだもんな

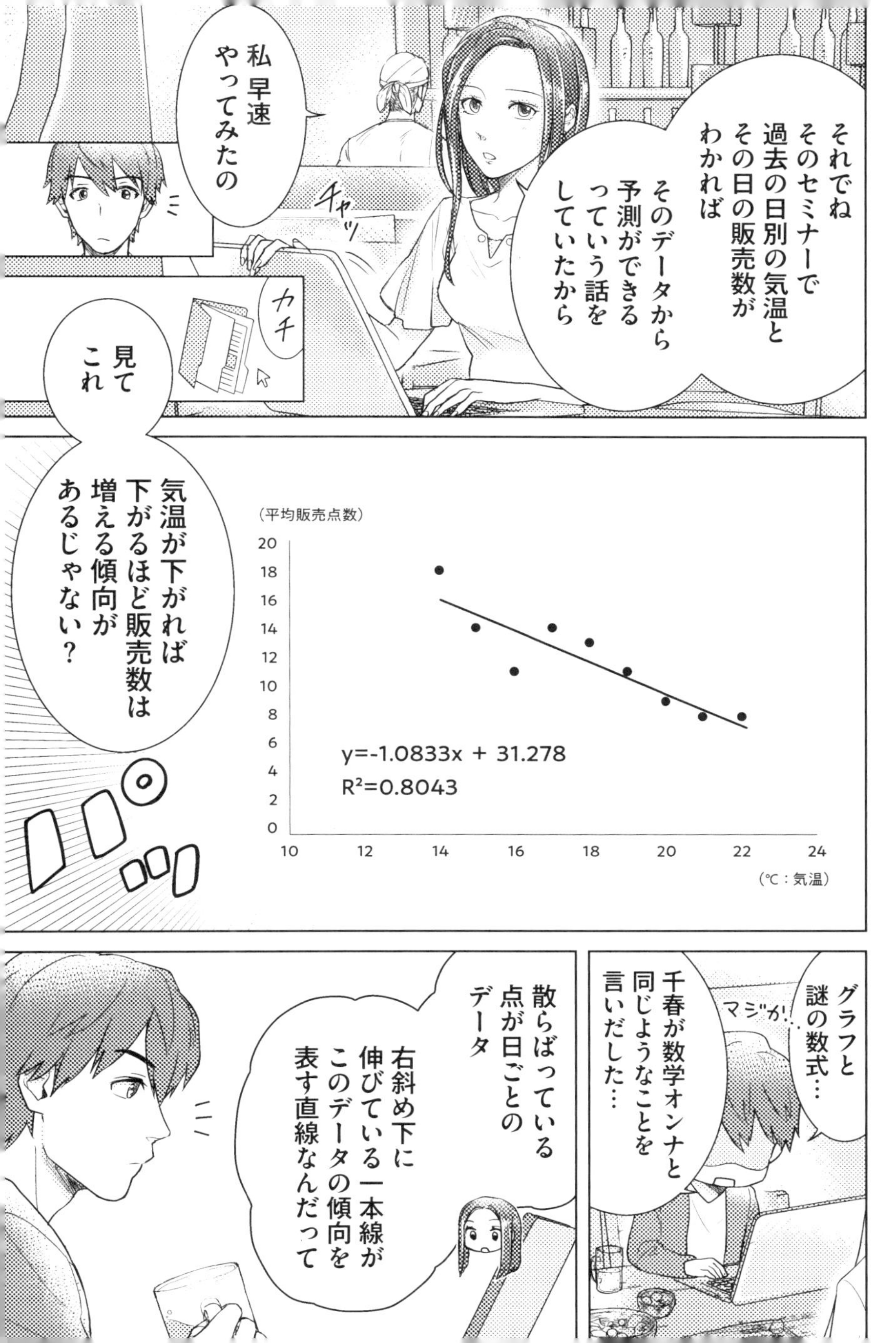
それでね そのセミナーで 過去の日別の気温と その日の販売数が わかれば
そのデータから 予測ができる っていう話を していたから
チャッ
私 早速 やってみたの
カチ
見て これ
気温が下がれば 下がるほど販売数は 増える傾向が あるじゃない？
（平均販売点数）
20
18
16
14
12
10
8
6
4
2
0
10
12
14
16
18
20
22
24
（℃：気温）
$y=-1.0833x + 31.278$
$R^2=0.8043$
グラフと 謎の数式…
マジか…
千春が数学オンナと 同じようなことを 言いだした…
散らばっている 点が日ごとの データ
右斜め下に 伸びている一本線が このデータの傾向を 表す直線なんだって

ん…？それってもしかして相関関係のことか…？
この「y=…」っていう難しい数式は何だ？
いい質問です木村くん
xに気温の数値を入れるとyが計算できてそれが販売数の予測値なんだって
y = -1.0833x + 31.278
R² = 0.8043
この数式が予測に使えるのよ
わかったようなわからないような…
後輩にこのやり方を教えてあげたらすごく喜んでくれて！
作業もとても簡単なの エクセルでこのテキストに書かれている通りにやるだけよ
へぇ…
●誰でも簡単にできる 単回帰分析
1．どれでもよいのでグラフの中のポイントを選択し、右クリック
↓
2．「近似曲線の追加」を選択
↓
3．「近似または回帰の種類」において 「線形近似」を選択
※151ページで詳しく解説

斗真
これ
ファッション業界の
仕事でも
使えるんじゃない？
よかったらこの
テキスト貸す
けど
……
うーん
どうかなあ
お
ありがとう
じゃあ…
とりあえず
ところで
私たち
もうすぐ
付き合って
丸2年だね！
にぱっ
はいはい
わかってるって
…
何か
考えて
おくよ
やったー

教えてくれ
これは俺たちの仕事に使えるか？
……
これは単回帰分析ですね
ざわ
複数あるデータの関連を数学的モデルにし
説明変数の値から目的変数の値を求めることで…
ざわ
ざわ

ストーップ
わかった
わかった
——で
俺の質問の
答えは!?
自分で考えてください
おい！
理論や活用法はこのテキストに書かれています
それをどう活用するか考えるのが木村さんの仕事では？

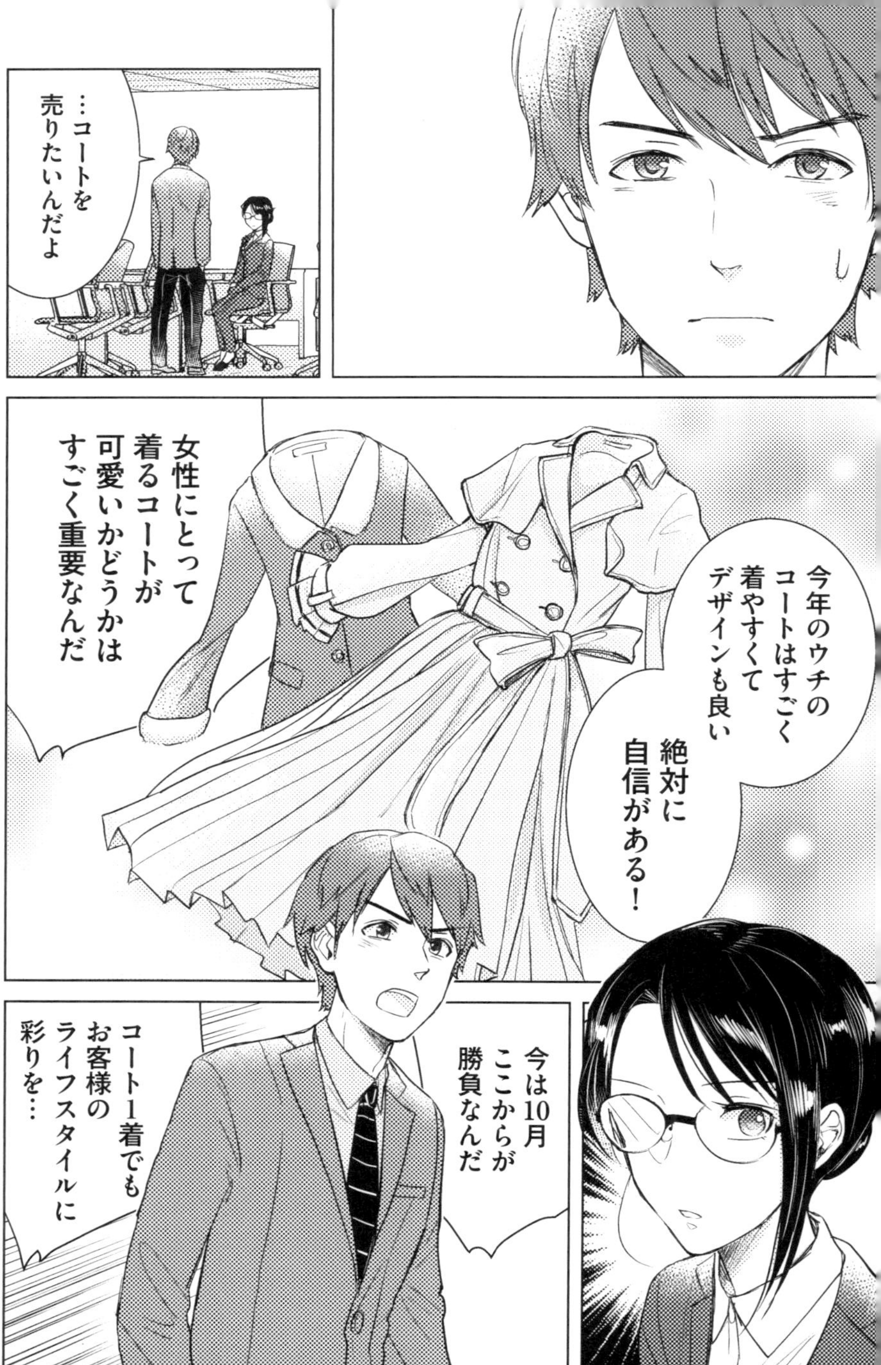
…コートを売りたいんだよ
今年のウチのコートはすごく着やすくてデザインも良い
絶対に自信がある！
女性にとって着るコートが可愛いかどうかはすごく重要なんだ
今は10月ここからが勝負なんだ
コート1着でもお客様のライフスタイルに彩りを…

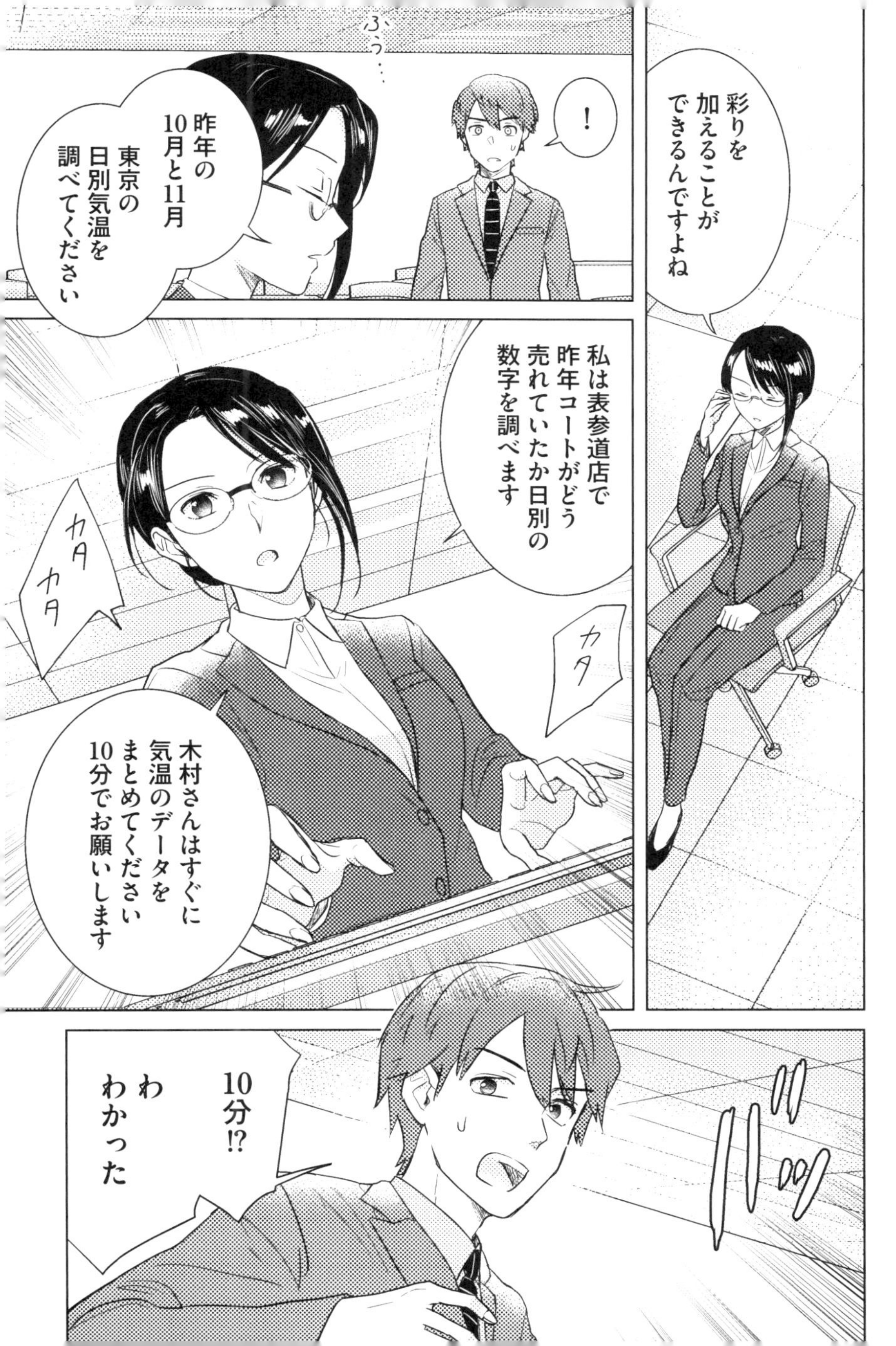

彩りを加えることができるんですよね
ふぅ…
！
昨年の10月と11月東京の日別気温を調べてください
私は表参道店で昨年コートがどう売れていたか日別の数字を調べます
カタ
カタカタ
木村さんはすぐに気温のデータをまとめてください10分でお願いします
10分⁉
わ
わかった

	10月		11月	
日付	気温(℃)	販売数(点)	気温(℃)	販売数(点)
1	15	0	15	0
2	12	0	13	0
3	16	1	14	0
4	17	0	10	4
5	14	1	15	0
6	14	0	14	0
7	16	2	13	1
8	[illegible]	0	13	1
9	[illegible]	0	14	0
10	[illegible]	0	12	2

● 11月の日別データ
「気温」と「コートの販売点数」の関係
y（点：販売点数）
5
4
3
2
1
0
9
10
11
12
13
14
15
16
17
X（℃：気温）
販売点数合計 =35 点
※同じ気温かつ同じ販売点数の日は重複して表示されている。
11月
では11月はどうでしょう
カチカチ
おっ⁉ なんか気温が低いほど販売点数が大きいような
ええ負の相関関係がありそうです
あっ
ポン
B
A
Aが大きくなればなるほどBは小さくなる場合負の相関関係と…
ここで単回帰分析を使います
そのテキストにエクセルの作業マニュアルが…
カタカタ
ああこの通りにやればいいってことか
えーっと

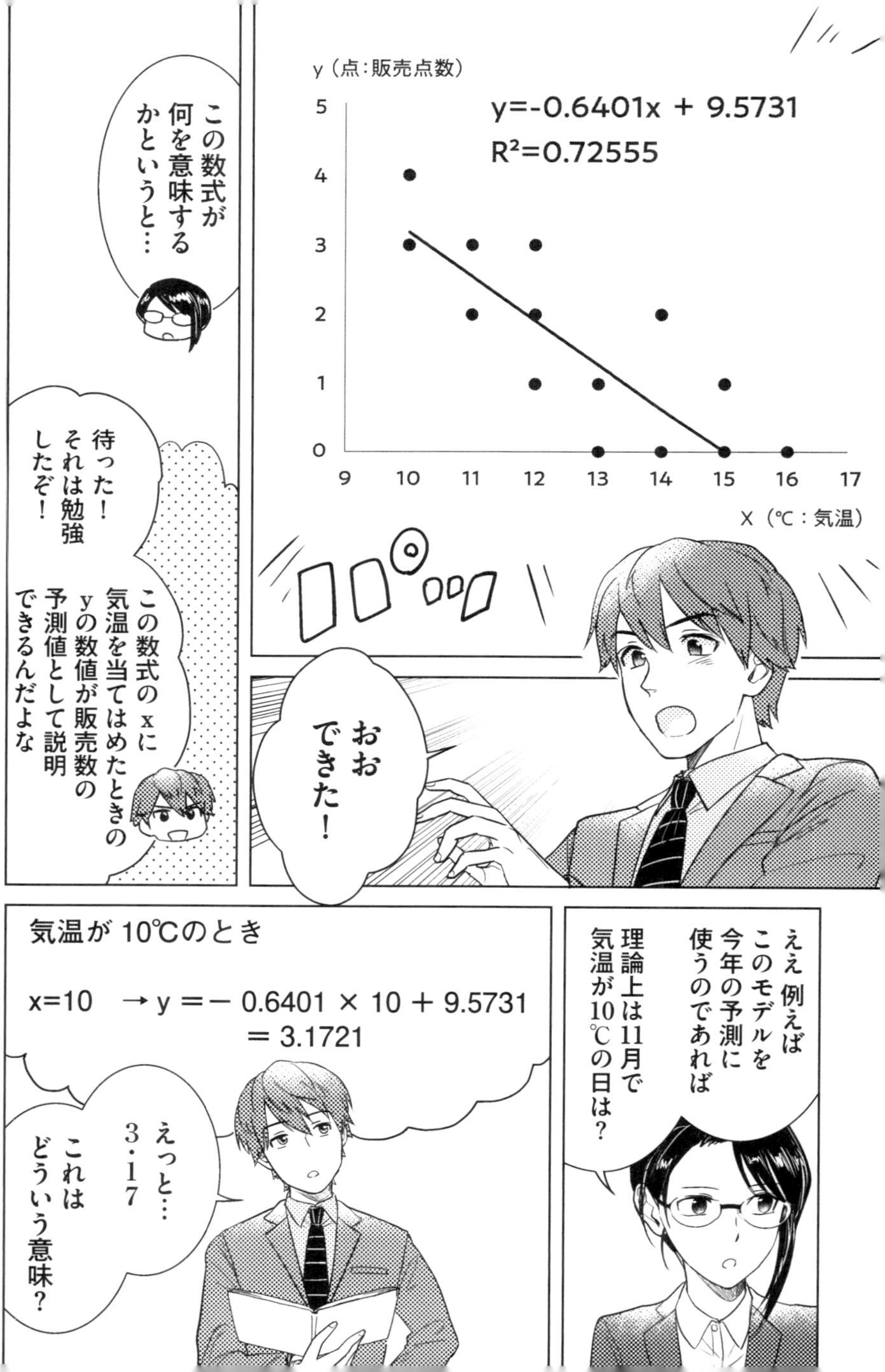
y（点：販売点数）
y=-0.6401x + 9.5731
R²=0.72555
5
4
3
2
1
0
9
10
11
12
13
14
15
16
17
X（℃：気温）
おお できた！
この数式が何を意味するかというと…
待った！それは勉強したぞ！
この数式のxに気温を当てはめたときのyの数値が販売数の予測値として説明できるんだよな
ええ例えばこのモデルを今年の予測に使うのであれば理論上は11月で気温が10℃の日は？
気温が 10℃のとき
x=10 → y ＝－ 0.6401 × 10 ＋ 9.5731
＝ 3.1721
えっと…3・17
これはどういう意味？

理論値は3・17点
つまり理論上3点は売れるということを意味します
ほう
あくまで数学的モデルの上の話ですが
その数学的モデルっていうのは何だ?
数値を使って物事の構造や関係を体系化したものです
くら..
ぜんっぜんわかんないんですけど…
例えば今やっていること
気温と販売数の関係を数値で関連づけてまとめているとは言えませんか?
ちなみにこの数式の読み解き方ですが…
この「-0.64…」という数字から11月の表参道店は気温が1℃下がれば
1日のコートの販売店数は0・64…点増えることを意味します

え?
例えば今年の11月の東京の気温ですが昨年よりかなり寒くなるという予報が出ています
仮に昨年より平均して毎日1℃低いとしたら11月が30日間あるので0・64×30＝19・2
1℃の気温差＝販売点数0.64（点／日）の差
↓
前年より1℃の気温差がある日が30日間あると仮定
↓
前年との販売点数の差は「0.64×30日＝19.2点」
つまり昨年より1か月で19点多く売れる見込みだということです
ちなみに昨年の11月は35点でした
35+19=…
ということは
今年は54点!
今年は54点売れるという予測は木村さんの適当な勘ではなく
数字による裏付けがある予測です
イラ
テキトーとか言うな…

今年はコートをたくさん売りたいと思っているのなら
これはスタッフへ目標設定を説明するうえでとても強力な説得材料になるのでは?
まあ 単に「去年よりも寒くなるからコートを売るぞ」だけなら誰でも言える指示かも…
y = -0.6401x + 9..
R² = 0.72555
ちなみに数式の下に表示されているR²って何だ?
決定係数と呼ばれるものです
0から+1の間の値を取り+1に近ければ近いほどこの予測値の精度が高いことを意味します
決定係数
0
+1
0.72555
ふーん
じゃあこの0.72…はどう解釈するんだ?
高い数値…つまりある程度は信頼できる予測値だということです

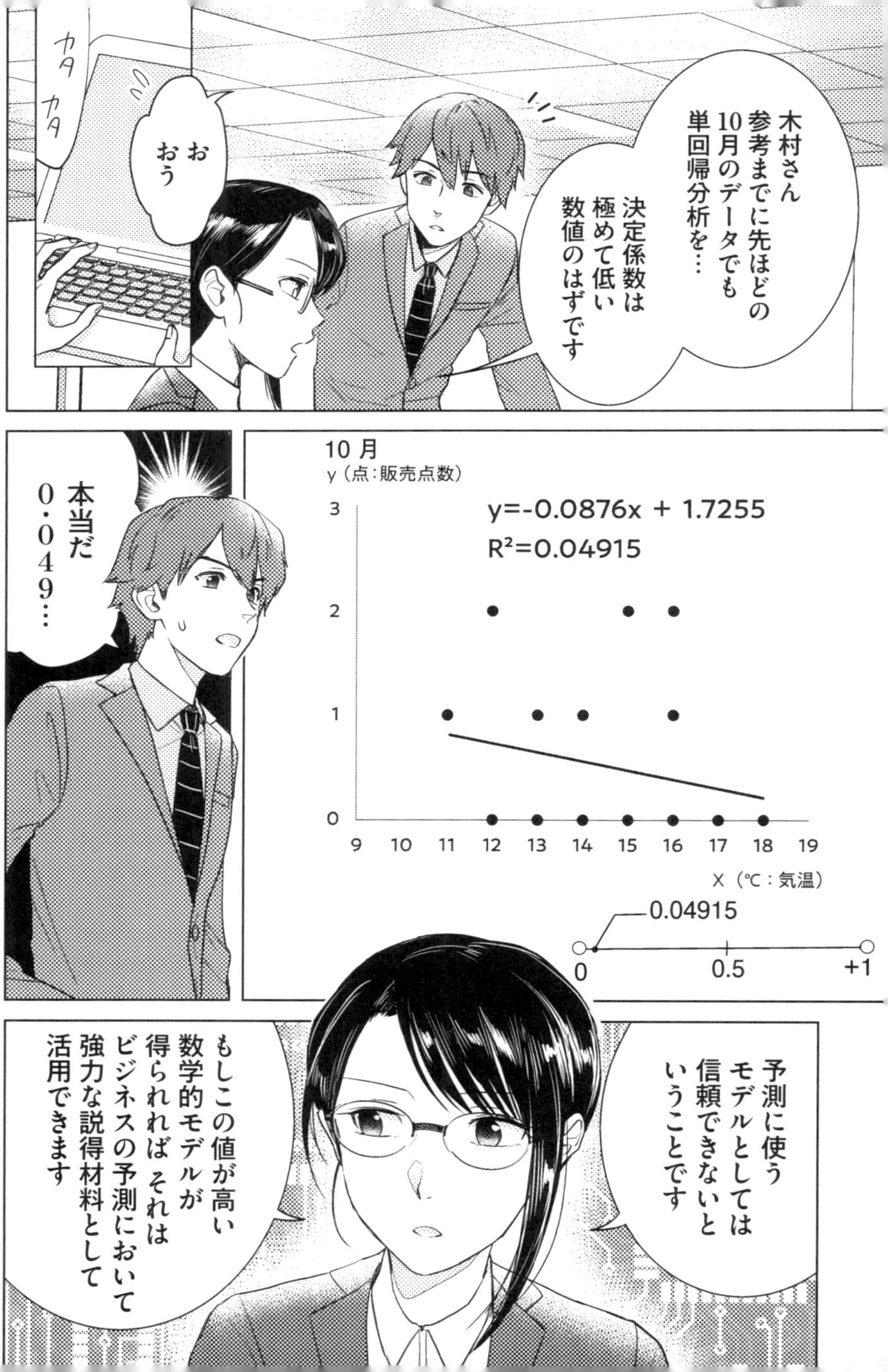
木村さん 参考までに先ほどの 10月のデータでも 単回帰分析を…
決定係数は 極めて低い 数値のはずです
お おう
カタ カタ
10 月
y（点：販売点数）
$y=-0.0876x + 1.7255$
$R^2=0.04915$
3
2
1
0
9 10 11 12 13 14 15 16 17 18 19
X（℃：気温）
0.04915
0
0.5
+1
本当だ 0・049…
予測に使う モデルとしては 信頼できないと いうことです
もしこの値が高い 数学的モデルが 得られれば それは ビジネスの予測において 強力な説得材料として 活用できます

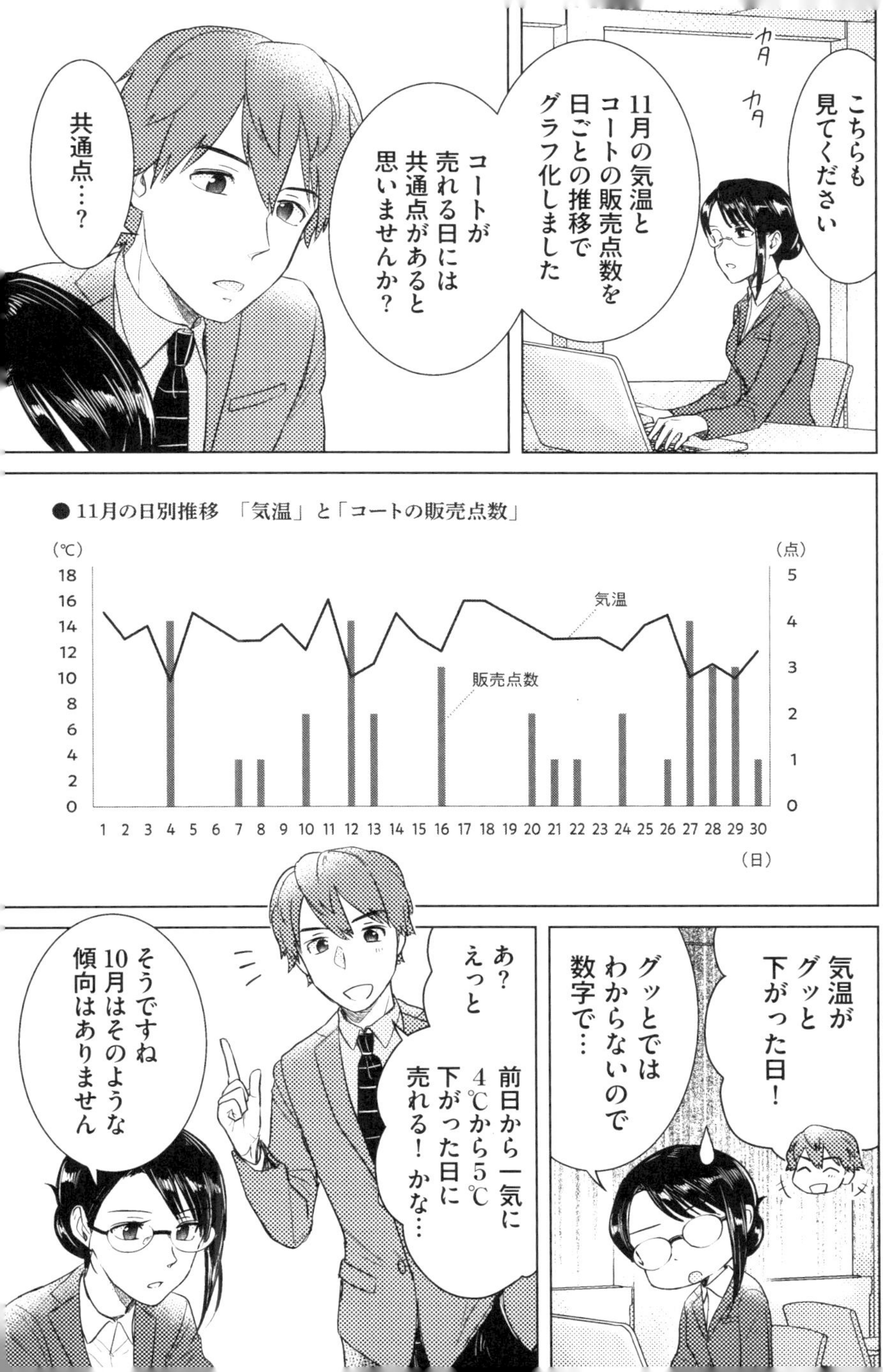
こちらも見てください
カタ カタ
11月の気温とコートの販売点数を日ごとの推移でグラフ化しました
コートが売れる日には共通点があると思いませんか?
共通点…?
● 11月の日別推移 「気温」と「コートの販売点数」
(℃)
18 16 14 12 10 8 6 4 2 0
(点)
5 4 3 2 1 0
気温
販売点数
1 2 3 4 5 6 7 8 9 10 11 12 13 14 15 16 17 18 19 20 21 22 23 24 25 26 27 28 29 30
(日)
気温がグッと下がった日!
グッとではわからないので数字で…
あ? えっと
前日から一気に4℃から5℃下がった日に売れる! かな…
そうですね10月はそのような傾向はありません

…やっぱり そうか
それです 木村さん
前にも 言いましたが ここまではあくまで 数字の話 重要なのはそこです
この数字の結果に 木村さんが 〝しっくりくる〟か どうかです
納得できるか ということ?
そうです
そもそも数字って ものすごく強力な 説得材料なんだろ?
素直にそれを信じて スタッフに指示をすれば それでいいんじゃ ないのか?
よく言うじゃ ないか 数字はウソを つかないって

……
それで気持ちよく仕事ができますか？
その数字が示すことに納得できないのにそれをそのままスタッフに指示する…
まるで機械のようだとは思いませんか？
木村さんは営業部のリーダーです 自分が納得していないことを大切な部下に指示していいのでしょうか
え…
もしその指示に部下が反論してきたとき
自分の指示を信じてやってくれと説得できるでしょうか
「俺も納得していないけれどデータがそう示しているのでいいからやれ」とでも言いますか？

大事なのは
数字が示すこと
ではありません
なぜそのような
数字になるのか考え
納得すること
それは…
木村さんが
〝しっくりきているか〟が
もっとも重要
なのです
しっくり
きているか…
では
あらためて
質問です
この10月と11月の
データの違いに
ついてどう
思われますか?

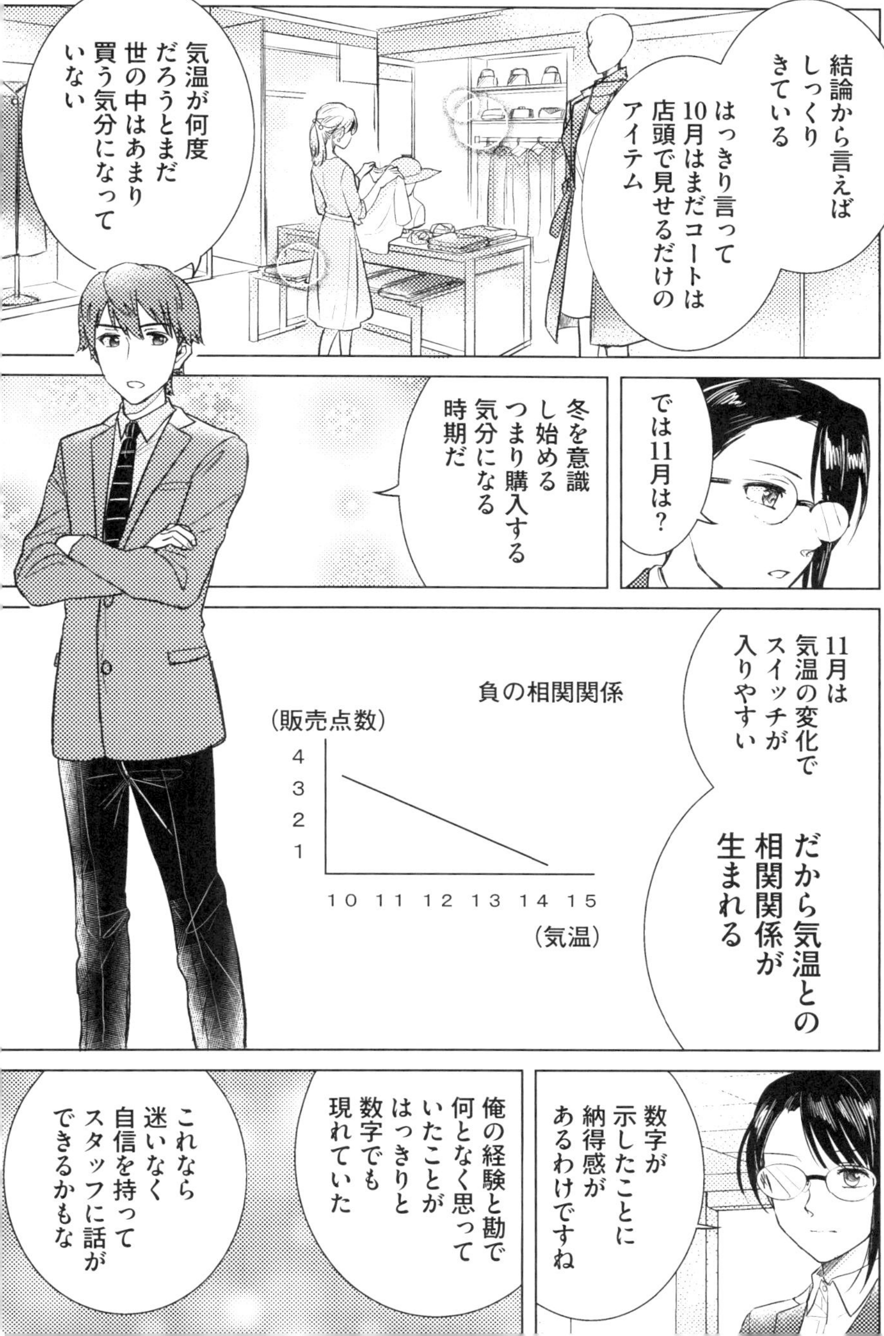
結論から言えば しっくりきている
はっきり言って 10月はまだコートは店頭で見せるだけのアイテム
気温が何度だろうとまだ世の中はあまり買う気分になっていない
では11月は？
冬を意識し始める つまり購入する気分になる時期だ
11月は気温の変化でスイッチが入りやすい
だから気温との相関関係が生まれる
負の相関関係
（販売点数）
4
3
2
1
10 11 12 13 14 15
（気温）
数字が示したことに納得感があるわけですね
俺の経験と勘で何となく思っていたことがはっきりと数字でも現れていた
これなら迷いなく自信を持ってスタッフに話ができるかもな

それが数字の力なんだと思います
何かびっくりするような発見ができるのも数字の威力ですが
一方で人間が何となく思っていたことを明確にしてくれるのもまた数字の威力です
ああ やっぱりそうかって気分になる
先ほどの木村さんがまさにそうでした
そのとき人は初めて納得します
そして納得した人だけが強い行動力を手に入れたり人を動かしたりできる
?
例えば朝空がどんより曇っていたら
今日は雨が降るかもと思いますよね
そこで降水確率を確認すると80%とある
80%
その数字がしっくりくる…だから納得して傘を持って出かけるという〝答え〟が出せる

まあ確かに数字ってそういうモンかもな
数字は事実を教えてくれます
でもその事実から最終的な答えを出すのはやっぱり人間なんです
スッ
数字
数字イコール（＝）答えではありません
数字から（→）答えでなければいけません
数字＝答え ✕
数字→答え ○
数字＝答え✕
数字→答え
数字イコール（＝）答えなら 優れた計算機やAIが答えを用意してくれます

でもその答えに
納得できていないと
いくら理論で根拠を
つくっても人は
動かせない
ええ
数字はウソを
つかない
でもそれが人を
動かす正解か
どうかは別です
だから
数字を素材に
自分で納得するまで
考えないといけない
仕事で
数字を使うって
こういうことなんです
数字から（↓）答え
か
木村さん
もう1つ
どうしても言って
おきたいことが
あります
えっ
…もうお腹
いっぱいなんです
けど

翌日
…というわけで表参道店の来月のコートの販売目標を昨年よりもプラス25点
つまり月間で60点にする
1日あたり2点ずつ売るってことですか…
ざわっ
特に気温が前日から4~5℃下がる日があったらそこが勝負日
理由はデータで説明した通りだ
でも…分析結果だと販売予測は54点なんですよね？

それは昨年と同じ仕事をしていたらたどりつく数字だ
少し目標値を上げて成長しているところを見せようぜ
気温が下がればコートの需要が増えることは私たちだってもちろん…
ああ俺たちにとっては常識だな
でも昨年まではそれを具体的な数値目標にしていなかった
数値目標がないとどうしても感覚的な仕事の仕方になっちゃうだろ？
やろうとしていることが実際にできているのか誰もはっきりわからないまま
何となく仕事をしていた
認めたくないけどさそういうところがＷＩＸＹが伸び悩んでいる理由だとするなら
ちょっと変えてみるのもアリかなって

〝今日は気温が10℃だから最低でもコートは3点売ることが目標〟みたいな考え方をしてみないか?
そうですね
何か木村さん柴崎さんに似てきましたね
くす
!?
とにかくやってみよう!
名づけて〝気温で売上アップ大作戦〟だ!
staff only
そのネーミングセンスやっぱり木村さんですね
あはは
WIXY
11月
いらっしゃいませ
このコート可愛い素敵な色
ねー
よろしければご試着なさってくださいね
はーい

12月初め
11月の結果ですが昨年に比べてコートの販売増が顕著でした！
グッドニュースじゃないか
やっぱり新作のデザインですね各店舗とも評判がよかったそうです
それと初めて気温の変化による分析をしました
(販売点数)
4
3
2
1
10
11
12
13
11月はコートの販売数に気温がとても影響する
つまり気温が下がることは大きなビジネスチャンスです
チラ

ほう
ざわっ…
正直 今までそれはとても感覚的なものでした
でも数字を分析することで それが間違っていないことがわかり
自信を持ってスタッフにはっきり目標値を伝えることができました
根拠のある具体的な目標値を伝えた結果
スタッフは納得してその目標値を追いかけるようになりました
結果 スタッフたちはその数字を達成するために
何をすべきかを具体的に考えてくれたんだな
はい
よかったじゃないか
じゃあ次の議題にいこう

数学女子 智香の解説編

「数学的モデル」って難しい？

柴崎智香です。

本編で登場した「数学的モデル」という言葉について、もう少し説明しますね。

「数学的モデル」とは、数値を使って物事の構造や関係を体系化したものです。

例えば、時給1000円のアルバイトを3時間やれば、報酬はもちろん3000円です。5時間やれば5000円。10時間やれば……。

実は、これも立派な**「数学的モデル」**なのです。

$$y=1{,}000x\ (x：勤務時間\quad y：報酬額)$$

マンガ本編では、すぐに木村さんにさえぎられてしまった「数学的モデル」についての説明ですが、数学ではこのxを説明変数、yを目的変数と呼びます。yの数値を説明するために、xという数値が必要ということです。

このアルバイトの時給の数式とマンガ本編で登場したコートの販売数についての数式は、

どちらもいわゆる1次関数です。構造的には同じものといえます。

そう考えると、木村さんが使った「単回帰分析」が決して難しいものではなく、少し身近なものに感じられるのではないでしょうか。

エクセルで単回帰分析を行う方法

単回帰分析は、エクセルを使うことで簡単にできます。

まずはデータを散布図（分布図）にします。散布図とは、2つの項目を縦軸と横軸にとって、それぞれに対応する数字をグラフ上においたものです。

そのうえで次のマニュアルに沿って作業をしてください。時間は1分あれば十分可能です。あまりの簡単さに、一度やると面白くて他のデータでもやってみたくなります。

1. どれでもよいのでグラフの中のポイント（データの点）を選択し、マウスを右クリック（図1）

⬇

2. 「近似曲線の追加」を選択（図1）

【図1】

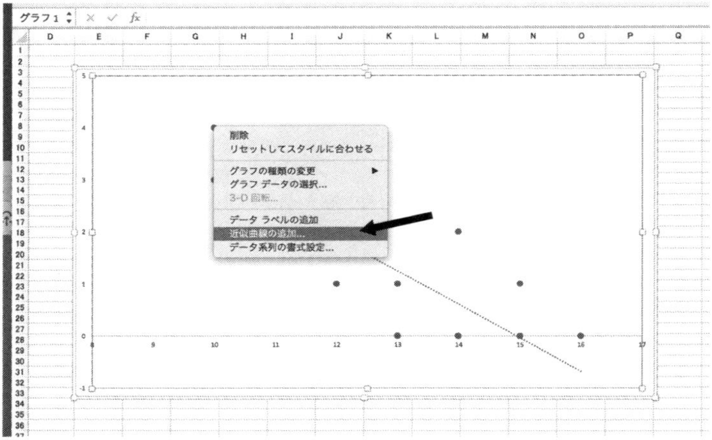

3. 「近似または回帰の種類」において「線形近似」を選択（図2）

4. 以下のチェックボックスにチェックを入れる（図2）

□グラフに数式を表示する

□グラフにR-2乗値を表示する

5. 「閉じる」をクリックすると、直線とその式が示される（図3）

【図2】

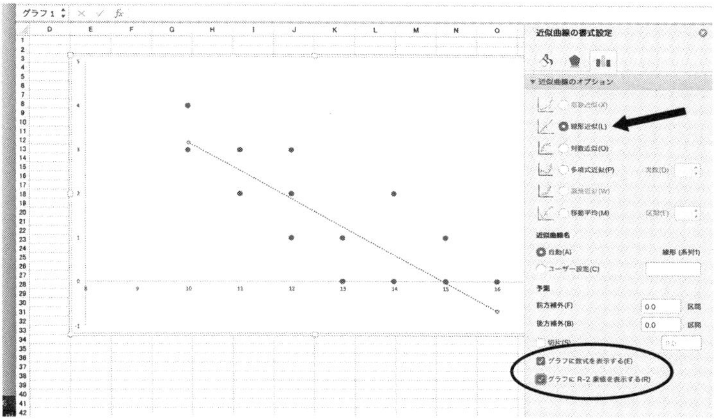
近似曲線の書式設定
近似曲線のオプション
線形近似(L)
対数近似(O)
多項式近似(P)
移動平均(M)
近似曲線名
自動(A)
線形 (系列1)
ユーザー設定(C)
予測
前方補外(F)
後方補外(B)
グラフに数式を表示する(E)
グラフに R-2 乗値を表示する(R)

【図3】

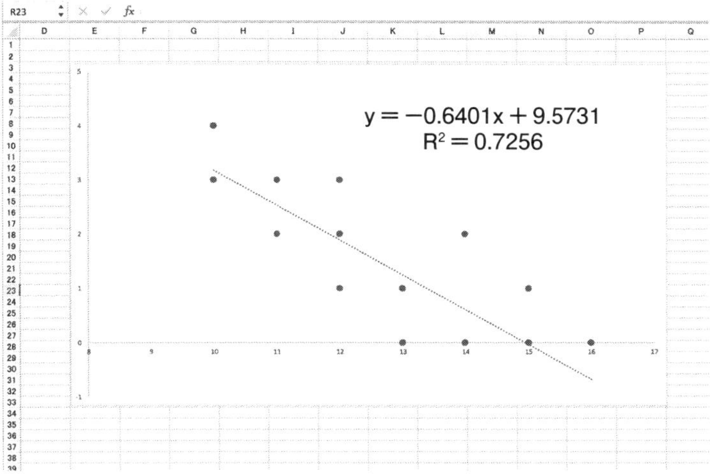
y = −0.6401x + 9.5731
R² = 0.7256

あの直線はどうやって引いているの？

ところでエクセルがグラフ上に引いてくれる1本の直線。これはいったいどういうルールで引かれた線なのでしょうか。

もちろんそこは専門的な数学的手法により導かれた理論があります。でも、この本は理論を学ぶ専門書ではありません。そこで、ここでは誰でもイメージできるような直感的な表現で、あの直線の意味をお伝えしておくことにします。

「すべての点からの距離の合計が、もっとも小さくなるような直線」

これがあの1本の直線の数学的な意味です。

「もっとも小さく」なので、2本は存在しません。たった1本に決まります。

例えば、次ページ図の実線がそれにあたります。点線は4つの点からだいぶ離れてしまっています。本編をお読みいただいたあなたなら、この表現だけでもイメージは伝わるのではないでしょうか。

■ 単回帰分布の直線の意味は?

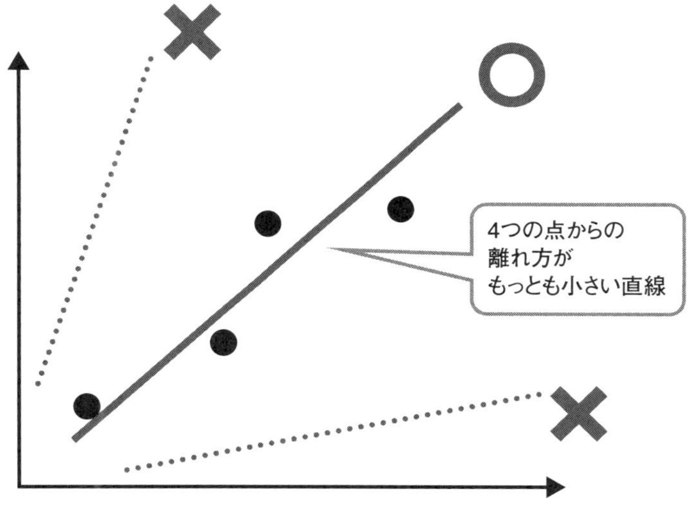
4つの点からの
離れ方が
もっとも小さい直線

いったいどうやってすべての点からの距離の合計を算出するのか。ご興味ある方はぜひ専門書で学んでみてください。

決定係数は信頼度の高さを示す

最後に、「R^2」と表示されていた「決定係数」(135ページ)についても補足をしておきましょう。

単回帰分析をすることで算出されるこの数値は、実は分析で扱った2種類のデータ(販売点数と気温)の「相関係数」を2乗したものです(下図参照)。

例えば、マンガ本編の11月の日別データのグラフを見返してみてください(全データは次ページ表)。

グラフで表現されている点の分布を見ると、気温とコートの販売数には負の相関関係があることが想像できます。

決定係数 R^2 = 相関係数を２乗した数値

$-1 \leqq$ 相関係数 $\leqq +1$　(本編113ページで解説)

⬇２乗する

$0 \leqq$ 決定係数 $R^2 \leqq +1$

■ 本編で智香と木村がまとめた10月と11月のデータ

	10月		11月	
日付	気温(℃)	販売数(点)	気温(℃)	販売数(点)
1	15	0	15	0
2	12	0	13	0
3	16	1	14	0
4	17	0	10	4
5	14	1	15	0
6	14	0	14	0
7	16	2	13	1
8	14	0	13	1
9	18	0	14	0
10	17	0	12	2
11	15	0	16	0
12	15	0	10	4
13	15	0	11	2
14	13	1	15	0
15	12	2	13	0
16	15	0	12	3
17	16	0	16	0
18	14	1	16	0
19	17	0	15	0
20	13	0	14	2
21	13	0	13	1
22	12	0	13	1
23	15	0	13	0
24	14	0	12	2
25	13	1	14	0
26	15	0	15	1
27	16	0	10	4
28	13	1	11	3
29	11	1	10	3
30	15	2	12	1
31	16	1		

10月の気温と販売数との相関係数 ＝ −0.22…
➡R^2 ＝ ＋0.04…
➡単回帰分析の結果を予測に使うのは危険

11月の気温と販売数との相関係数＝−0.85…
➡R^2 ＝ ＋0.72…
➡単回帰分析の結果を予測に使える

実は、この2つのデータの相関係数を出してみると、−0.85…です。強い負の相関関係があることが数値でも示されています（相関係数は第3章でお伝えしました）。

11月の相関係数−0.85…を2乗すると＋0.72…。木村さんがエクセルで実行した単回帰分析の結果に表示されている決定係数も＋0.72…と一致します。

つまり、正の（あるいは負の）相関関係が強いほど決定係数は＋1に近い数値になり、＋1に近ければ近いほど、その単回帰分析で得られた数学的モデルは予測の道具として信頼度が高いということになります。

あなたはこの武器をどう使う？

このように単回帰分析は、その裏側にある理論はかなり複雑ですが、いちど使い方を覚えてしまえば、ビジネスで強力な武器になります。

- 「広告費」と「売上高」の関係から、売上目標を達成するために必要な広告予算を算出し、予算会議で根拠として使う。

- 競合他社の「従業員数」と「営業収益」の関係から、これから従業員を1人増やすごとにどのくらいの営業利益増が見込めるのか理論値を算出し、来季の採用計画の参考にする。

- 店の「来店者数」と最寄駅の「乗降客数」との関係から、オープンを計画している新店舗の来店者数を予測し、事業計画書に盛り込む。

あなたの仕事で活用したり、応用できそうなテーマもあるのではありませんか。

数学的モデルの威力をぜひ仕事で使って、味わってみてください。

一度でも上司やお客様から「へえ」や「なるほど」が引き出せたら、きっとあなたは嬉しいはずです。

その喜びをまた味わいたくて、あなたはまた数字を読み、加工し、そして会話に使いたいと思うようになる。

そうなったら勝ちです。

思い返せば、私もそうやって数字を使うことの喜びと面白さを知りました。あなたにもぜひその感覚を体験してほしいと心から思います。

エピローグ

教えたこと、
教えられたこと

私たちきっといいコンビに
なりますよ

第○回
ファッション販売フェス
えー それでは木村さん お願いいたします
14:00 ～ 15:00
株式会社 ブライトストーン
木村 斗真氏
ただいま ご紹介に あずかりました
ブライトストーンの 木村斗真です
弊社のブランド WIXYは昨年 秋冬の売上が 急上昇しました
今回は その急上昇の裏側について 話をしてほしいとのことで ここに登壇いたしました

この数年 WIXYは
とても苦しい状況が
続いていました
しかし
そんな状況の
弊社に貴重な戦力が
加わったんです
それは正直
ファッションの
ファの字も知らなそうな
人物でした
ファッションを
知らない＝業界を知らない
そういった固定観念で
よく衝突していました
そして私は 何でも
数字で語ろうとする
彼女のことを
〝数学オンナ〟と
呼んでいたのです
ざわ

〝可愛い〟とか 〝売れそう〟とか 我々が 多用しているこの言葉は 数字で語れるものでは ありません
お客様も服を選ぶ際 「値段」以外の数字を 必要としていません
直感的にファッションを 楽しんでいます
だからといって それを提供する 我々が数字で語らず 仕事をしているのは マズイとは 思いませんか？
木村さん もう1つ どうしても言って おきたいことが あります
…もうお腹 いっぱいなんです けど
その人物に 言われた言葉で 一番響いたのは―
一言だけ 言わせてください

数字で語れないものを提供するためには
数字で語れないものを
提供するためには
数字で語らなければならない
数字で語らなければならない
そこから逃げていると私たちはいつか“数字で語れないもの”を
お客様に提供できなくなるのだと
正直胸に突き刺さりました
ではどうやって文系出身の私がファッションの仕事を数字で語れるようになったのか
いくつかの事例をシェアしたいと思います
まずは――

President
今日の販売フェス見に行かなくてよかったのか?
はい
…木村は少し変わったように見えるが
そうかもしれません
数字を入れて話す〝数会話〟だったかな? 面白いね
もはや社内での文化になりつつある… 驚いたよ
(気温)
会議でも定量的な説明が増えた 木村だけじゃなく他のメンバーも
現場を細かく見ていない私にとっては とても助かる

ほかにも疑問に思ったことや仮説を数字で確かめようとするようになりました
この前“たぶんこうだと思います”という部員の発言に木村がダメ出ししていたよ
「“たぶん”じゃなくてデータで確かめてくれ」と
思わず笑ってしまった
君をここに連れてきて正解だった
なぜ社長が私をここに連れてきたのかわかった気がします
?
私はこれまでビジネスにおいては数字がすべてだと思っていました
数字で語ることを避け成果が出ていないことを認めないビジネスパーソン
そういう人ほど根拠のない感情論を声高に語ります

私がもっとも嫌いな人種です
言うねぇ
そして木村さんの仕事ぶりはまだまだ未熟です
人の上に立つ人間とは思えません
ですが…
パチ
パチ
女性のライフスタイルに彩りを加えるのが俺たちの仕事だ
あれほど何のために仕事をしているのかをはっきり言葉にする人には初めて会いました
お客様の幸福を心から願い真剣に考えている
なぜ彼が営業部のリーダーなのかようやく腑に落ちました

クライアントが求める成果が数字で出ればいい
その数字だけが私が仕事をしたという唯一の証明になる
いつからかそう思って仕事をするようになってしまったように思います
私は〝人の想い〟をいつの間にか忘れてしまっていたのかもしれません
危うく単なる計算機になるところでした まるでAIのような
ふふっ
?
相変わらず真面目だな

さーて
今日もやるか
おはよう
ございます！
お…
おう？
びっくり
した…
昨日は
お疲れ様でした
木村さん
ファッションの
魅力って
何ですか？
へ？
私なりに
考えてみます
あなたの部下なので

これからもよろしくお願いします
私たちきっといいコンビになりますよ

おわりに

これまでの人生の中で、「この人と出会ってよかった」と思える誰かを思い浮かべてください。なぜその人と出会ってよかったと思えるのでしょう。素敵な時間を過ごせた。たくさんの刺激をもらった……。理由は様々でしょう。

では、先ほどの問いをビジネスパーソンとして考えたとき、思い浮かぶ人は誰でしょうか。今の上司？　それとも同僚？　あるいは……？

なぜその人と出会ってよかったと思えるのでしょう。その理由はおそらくこうではありませんか。

その人と出会ったことで、ビジネスパーソンとして成長できたから。

そういう意味で、私たちビジネスパーソンにとって重要なのは会社名や肩書きなど名刺に書かれていることではなく、誰と出会ってきたかという名刺には書かれていないことなのだと思います。

木村斗真は、柴崎智香との出会いで変わりました。柴崎智香もまた、木村斗真との出会いで学んだことがありました。ビジネスパーソンはこうして成長していくのだと私は思います。もちろんあなたも。

本書は数字を使った仕事術を学ぶ本でした。しかし著者として最も伝えたいことは、人はいつでも変わることができるということです。

人生100年の時代と言われます。そのうち半分はビジネスパーソンとして生きるのかもしれません。変わらないといけないときが、必ず来ます。

そして、そんなタイミングにはきっと必要な出会いがあるはずです。どうかそのサインを見逃さないでください。この物語の木村のように。

私はこれからもたくさんのビジネスパーソンと出会いたいと思っています。多くの研修や講座に登壇するのも、SNSや動画でメッセージを発信するのも、このような書籍を世に送り出すのも、すべて目的は1つ。「柴崎智香と木村斗真の出会い」をもっと増やしたいからです。誰かの成長に貢献できる。教育者として、人間として、こんなに素晴らしいことはありません。

2020年1月、ビジネスパーソンが学べる私のゼミ「ビジネス数学アカデミア〜Business Mathematics Academia〜」がスタートします。もし本書をきっかけに変わりたいと思ったら、ぜひお越しください。

https://business-mathematics.com/academia/

そろそろお別れです。いつかあなたが、誰かにとっての柴崎智香になっていることを願います。彼女の言葉にあった「数字で語れないものを提供するためには、数字で語らなければならない」は、あなたが誰かに伝えてあげてください。

物語の感想もぜひお寄せください。必ずお返事差し上げます。待っています。

info@bm-consulting.jp

2019年10月

深沢真太郎

深沢真太郎（ふかさわ　しんたろう）
ビジネス数学教育家。作家。日本大学大学院総合基礎科学研究科修了。理学修士（数学）。国内初のビジネス数学検定１級AAA認定者。予備校講師、外資系企業の管理職などを経て、研修講師として独立。大手コンサルティング企業や教育機関とも提携し、ビジネス界に数学教育を推進。著書に『入社１年目からの数字の使い方』『数学女子 智香が教える　こうやって数字を使えば、仕事はもっとうまくいきます。』『そもそも「論理的に考える」って何から始めればいいの？』（以上、日本実業出版社）、『「仕事」に使える数学』（ダイヤモンド社）などがある。

山田しぶ（やまだ　しぶ）
北海道在住のイラストレーター・漫画家。主に書籍の仕事を中心に活動中。ペットのチンチラ２匹（齧歯類）と遊ぶのが癒し。自宅の花をドライフラワーにしてアクセサリーを作るのが趣味。

数学女子《すうがくじょし》 智香《ともか》が教《おし》える
〈マンガ〉仕事《しごと》で数字《すうじ》を使《つか》うって、こういうことです。
2019年11月20日　初版発行

著　者　深沢真太郎
発行者　杉本淳一

発行所　株式会社日本実業出版社　東京都新宿区市谷本村町３−29 〒162-0845
大阪市北区西天満６−８−１ 〒530-0047
編集部　☎03-3268-5651
営業部　☎03-3268-5161　振　替　00170−1−25349
https://www.njg.co.jp/

印刷・製本／中央精版印刷

ISBN 978-4-534-05740-2　Printed in JAPAN

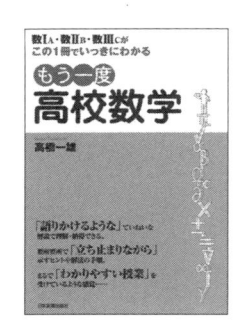

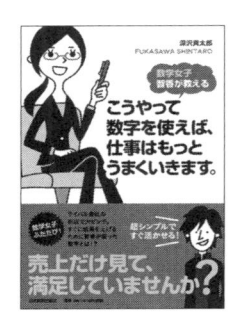